Luisa Francia

Drei Wünsche

LUISA FRANCIA

DREI WÜNSCHE

Von der Vision zur Magie als Handwerk

Frauenoffensive

1. Auflage, 1999

(Verlag Frauenoffensive, Metzstr. 14 c, 81667 München)

ISBN 3-88104-317-9

Druck: Clausen & Bosse, Leck
Umschlagentwurf: Luisa Francia
Umschlaggestaltung: Erasmi & Stein, München

Dieses Buch ist gedruckt auf Papier aus chlorfrei gebleichtem Zellstoff.

Inhalt

I. Traumzeit
Das Öffnen der Tür erfolgt auf eigene Gefahr

Was ist Magie? 9

Drei Wünsche 16

Alles Voodoo 23

Schutz 27

Täuschung? Wahrheit? 38

Böse Frauen 43

Der Wald. Die Stadt 53

Wie Realität hergestellt wird 58

II. Raumzeit
Die Tür ist offen

Das alte Maß – das neue Maß 65

Stolpern auf der Schwelle zur Eigenmacht 69

Magische Kraft aus Nahrung und Kräutern 78

Wie Zauberkraft erworben wird 90

Wie Magie gewirkt wird 93

Die Magie des Körpers 100

III. Traumgezeiten

Da ist keine Tür

Zeit – Raum – Energie 109

Orakel und die Magie der Zahlen 129

Verfluchen, Verhexen, Licht Schicken 137

Die alten Künste der weisen Frauen 143

Die Genauigkeit der Sprache 155

Die Landkarten der magischen Realität 164

Vision, Visualisierung, Imagination 169

Da werden Geister zu Migränen 176

Das Flüstern der Sterne 185

I. Traumzeit

Das Öffnen der Tür erfolgt auf eigene Gefahr

Was ist Magie?

Magie ist doch eigentlich nichts anderes als Psychologie, sagte neulich jemand zu mir. Ich habe mal darüber nachgedacht und muß zugeben, daß psychologische Elemente mitspielen, wenn ich mich mit Viren und Mikroorganismen oder mit Steinen unterhalte. Ich versuche zu erfühlen, wie die Prägung ist, wenn man vier Millionen Jahre reglos herumliegt, oder wie es sich anfühlt, wenn man, wie die Viren, immer schon mit dem neuesten Stand der Forschung im System auf die Welt kommt. Vermutlich verhalten sich meine befreundeten Wesen mir gegenüber ähnlich. Es kann auch sein, daß ich mich mit Viren und Bakterien, mit Ratten und Spinnen deshalb so gut verstehe, weil sie, genau wie ich, ohne Vater in einem Weiberhaushalt aufgewachsen sind und damit, genau wie ich, nicht das geringste Problem haben. Im Gegenteil.

Aber ich sehe es eher so, daß Psychologie die Spitze ist und Magie der Eisberg. Psychologie schlägt sich mit Konditionierungen, Prägungen, Neurosen und dergleichen herum, Magie arbeitet mit der Energie, die dem Ganzen zugrunde liegt.

Die allgemeine Glaubensvorstellung ist eine Art Vogelkäfig, in dem alle ein bißchen singen dürfen, nicht zu laut, nicht zu schrill. Demnächst müssen wir wahrscheinlich unsere Kindergartenzeiten nachweisen, um einen Rentenanspruch einzufordern, für eine Rente, die wir am Ende nicht bekommen, weil kein Geld da ist. Das ist natürlich eine Form von Magie, Millionen Menschen mit Ideen und

Vorschriften zu steuern. Und weil wir ständig von fremden Befehlen bewegt werden, haben wir uns angewöhnt, die Grenzen des Körpers auf den Geist zu übertragen statt die Freiheit des Geistes (die die meisten von uns schon gar nicht mehr kennen) auf den Körper.

Du denkst vielleicht, die Realität der westlich zivilisierten Welt hat mehr mit Wissen als mit Glauben zu tun. Aber auch Politiker, Ingenieure, Wissenschaftler sind natürlich darauf angewiesen, daß ihnen jemand glaubt, wir können ja nicht alles nachprüfen. Wenn die fünf Hethiterforscher auf der Welt ein paar Zeichen entziffern, können wir nur hoffen, daß die eine Ahnung haben, also eine Verbindung zu ihren hethitischen AhnInnen. Wenn MedizinerInnen eine tödliche Diagnose stellen, ist Hoffnung vielleicht zu schwach. Die stärkste Imagination setzt sich durch, ob das die des Finanzministers oder die der katholischen Kirche ist. Wer gut projizieren, imaginieren kann und viele Menschen hinter sich bringt, um diese Imagination zu halten, hat die größte Aussicht auf Erfolg.

Dabei kommt es auf die Qualität der Projektion nicht an. Wir werden mit schwachsinnigen Behauptungen in Schach gehalten, wählen Leute, die nachweislich lügen, lassen uns eine Lebensform aufzwingen, die uns zerstört – wenn das nicht starke Magie ist!

Magie, Illusionszauber, Machtübertragung sind nach wie vor die stärksten Mittel, Menschen zu manipulieren, weshalb es nicht uninteressant ist, die Gesetze der Magie zu verstehen, um den Zauber zu durchbrechen, der den tausendjährigen Schlaf ausgelöst hat. Es ist eine Art Wachkoma, in dem wir unser Leben vorbeiziehen sehen. Tschernobyl – dachten wir nicht, danach wird Kernkraft nie wieder so harmlos und naiv gesehen, so kriminell genutzt werden können? Nie wieder Krieg? Die Grausamkeiten, die geschehen sind, und die Starre, die uns befallen hat, zeigen, daß es nicht Gleichgültigkeit ist, die Veränderungen verhindert. Es ist aktive Manipulation, Arbeit mit Symbolen, Idolen, Magie durch Worte und Zahlen, Bindezauber, Bannzauber. Wir wurden durch Worte gefangengenommen, scheinbar frei zucken wir vor unsichtbaren Hindernissen, vor Worten wie „Arbeitslosigkeit“ zurück. Natürlich gibt es auch eine Realität dazu, aber der Zustand wurde künstlich erzeugt, manipuliert.

Wie das geht? Menschen arbeiten für einen Unternehmer, schaffen ein Vermögen, vielleicht geht der Unternehmer an die Börse, er muß die Menschen kurz halten, damit sie ihm nicht zuviel von seinem Profit wegnehmen. Besser noch, er entläßt ein paar, das gibt Punkte an der Börse. Und obwohl wir alle das täglich lesen und erfahren, sind wir wie gelähmt, hilflos. Wo ansetzen?

Das ist die klassische Situation des Opfers eines mächtigen Zaubers. Der Unterschied zwischen einer einfachen und einer magischen Manipulation ist, daß die einfache Manipulation Erkenntnis und Lösung zuläßt, die magische die Lösung aber ausschließt, weil Macht angewendet wird, um die Lösung zu verhindern.

Wenn eine Mutter zu ihrem Kind sagt, ich kann mit dir heute nicht ins Kino gehen, weil ich einen Arzttermin habe, und das Kind merkt, daß das gelogen ist, setzt es Himmel und Hölle in Bewegung und wird den Kinobesuch durchsetzen. Wenn ein Politiker sagt, „die Ausländer nehmen euch die Arbeitsplätze weg“, dann wissen zwar vielleicht alle, daß sie nicht in der Müllabfuhr oder im Gastgewerbe arbeiten wollen, daß die Firmen massenhaft Menschen entlassen, obwohl ihre Gewinne steigen, was jeder Mensch ja heute in der Zeitung verfolgen kann, aber die Manipulation funktioniert trotzdem, weil zwei

Symbolworte verwendet werden, die vorher mit starker Emotion aufgeladen wurden: „Ausländer“ und „Arbeitsplätze“. Wenn es einmal gelungen ist, einen Begriff emotional zu laden, was durchaus ein magischer Vorgang ist, kann dieser Begriff kaum noch von der symbolischen Bedeutung getrennt werden. „Heil“ ist ein gutes Beispiel. „Islam“ ist auch nicht schlecht, ein neues Reizwort, bei dem die negativen Gefühle, die es auslöst, in keinem Verhältnis zur Realität stehen, die im Westen ohnehin kaum jemand kennt. „Kosovo“ – wer hätte da nicht gleich ein paar Emotionen parat? „Bio“ und „Öko“ sind auch so magische Simsalabim-Begriffe, sogar genmanipulierte Produkte bestehen aus Biomasse und können „Bio“ genannt werden, aber wer interessiert sich schon dafür?

Traumweberin! Bilderspinnerin! Zaubersprecherin!

Noch ehe eine zaubern lernt, ist sie schon Meisterin der Magie der Verhinderung. Denn die funktioniert schneller als jede magische Gestaltung. „Das wird sowieso nichts“, wer hätte diesen Satz nicht hundertmal gedacht, gesagt? „Das hat ja gar keinen Sinn, daß ich mich da bewerbe“ oder „mir gelingt sowas nie“, „das hat bei uns in der Familie noch niemand geschafft“. Was alle diese Zaubersprüche der Verhinderung gemeinsam haben: Eine kleine Hoffnung liegt ihnen zugrunde. Es könnte ja vielleicht doch, ach nein, hat ja keinen Sinn.

Da wird eine aufsteigende Energie abgewürgt mit etwas, das sich als Erfahrungswert tarnt und in Wirklichkeit ein Bannzauber ist. Überschreite diese Grenze nicht. Ich banne dich, du sollst schwach und hilflos sein und bleiben. Du sollst nicht erfahren, wie mächtig du wirklich bist. Aus einem unerfindlichen Grund funktioniert negativer Zauber unglaublich gut, wie es auch leichter ist, über jemanden etwas Gemeines zu sagen. Zerstörung kommt leichter als kreative grenzenlose Energie. Vielleicht weil wir mehr an sie gewöhnt sind. Bitterkeit fliegt uns von allein zu, Heiterkeit will gelockt werden. Für die Magie des Wunderbaren müssen wir schon mehr Phantasie einsetzen als für die Magie des Vergiftens.

Frauen sind einen großen Teil ihrer Zeit damit beschäftigt zu versichern, sie glaubten, was ihnen irgendwelche klugen Männer sagen, sich zu entschuldigen, zu erklären, abzuwehren, die Realität so hinzubiegen, daß sie einigermaßen lebbar ist. Auch das ist eine Form von Magie, eine unerträgliche Lage erträglich zu schönen, aus dreckigen Socken eine goldene Situation zu zaubern. Aus einem kommunikationsunfähigen Mann Prinz Wunderbar. Komplizierter Zauber! Läßt sich immer nur kurz halten und verbraucht wahnsinnig viel Energie.

Traumweberin! Bilderspinnerin! Zaubersprecherin!

In der Traumzeit verlassen wir die „festen" Bezüge, die Welt der Definitionen, der Sicherheit, der Grundsätze und Regeln. Der unendliche Raum ist der Spielplatz der Magie, wo nichts geformt ist, aber alles geformt werden kann, ich nenne das die ursprüngliche Materialausgabe. Da wir den größten Teil unseres Lebens damit verbringen, die Dinge, Tatsachen, Ereignisse, Menschen unseres Lebens einzuordnen, zu kategorisieren, zu definieren und uns an den gefundenen Strukturen als „Wahrheiten" festzuhalten, gehen wir auf dem Weg zur Magie den umgekehrten Weg. Wir entwirren Wertvorstellungen und teilen gebundene Zugehörigkeiten wieder auf in Impulse. Wir brechen den Bann, durch den wir in den grauen Schlaf gesunken sind.

Die Erkenntnis der Magie ist: Der Raum ist unendlich, Energie formt sich immer wieder neu, nichts bleibt, wie es war, Zeit ist genau wie Raum und Form eine Hilfskonstruktion. Alles ist möglich. Jetzt gibt es keine Werte außer denen, die du selbst akzeptierst, keine Überzeugungen außer den von dir selbst gewonnenen, keine feststehenden Tatsachen, kein „endgültig", kein „entweder oder" mehr. Vermutlich ist das der Grund, warum so viele Menschen im Umgang mit Magie oder was sie dafür halten, durchdrehen. Im Überangebot von Theorien, Glaubensvorstellungen, Heilsbotschaften, in der Flut von Büchern, Seminaren, Vorträgen, Workshops muß jede selbst herausfinden, was für sie taugt und was nicht.

In der Magie erfindest du dich selbst neu mit allen Möglichkeiten, die du haben willst. Du legst die Hypnosen aus der Kindheit frei und bewegst dich aus ihrem Korsett heraus in dein eigenes Imaginationspotential. Der Traum ist das Herz der Wirklichkeit, was du nicht träumen kannst, wirst du schlecht verwirklichen können.

Traumweberin! Bilderspinnerin! Zaubersprecherin!

Magie ist die Kommunikation mit allem, der gemeinsame Tanz im Universum, die Sprache der Bewegung. Die menschliche Sprache ist nur die Spitze des Eisbergs der Kommunikation, der phantasieloseste Teil, zwischen dem langsamen Puls der Steine und dem Flüstern der Sterne.

Magie ist ein uraltes Handwerk, Worte und Bewegungen einzusetzen, um Materie und Zustände zu verändern, das im Lauf der Geschichte immer wieder von weisen Frauen und dem einen oder anderen weisen Mann verstanden und weitergegeben, ja auch mißbraucht wurde.

Magie ist Spielraum, du träumst deine Kindheit neu,

suchst dir deine Lieblingsspiele, dein Lieblingsspielzeug. Magie fordert die volle Verantwortung und läßt Eigenmacht wachsen. Keine Ausreden, kein Ausweichen, Kokettieren, Erklären – du stehst für alles, was du tust, nicht tust, hoffst, wünschst, träumst, selbst ein. Auch für deine Neugier.

Magie ist Philosophie und Lebensweg zugleich, die Welt aufmerksam und wach zu betrachten, den eigenen Anteil an allem zu sehen und zum Gelingen der Gestaltung beizutragen – mit allen Mitteln.

Die naive Motivation, sich mit magischen Experimenten zu beschäftigen, ist fast immer der Wunsch nach Macht oder nach Reichtum oder wenigstens nach Erfüllung eines Wunsches oder Traumes. Das ist aber vermutlich die gefährlichste Annäherung. Als wollte man sich an einem Atomkraftwerk eine Zigarette anzünden.

Wie kannst du dich mit etwas so Unpolitischem wie Magie befassen, werde ich manchmal gefragt. Ich finde es besser, die Kunst der Magie zu studieren, als einen Krieg anzufangen, Bomben zu werfen und das dann noch als sinnvolle politische Handlung auszugeben.

Frauen tun gut daran zu lernen, sich selbst zu verteidigen. Magie ist mehr als Selbstverteidigung. Magie ist die Definition des Raums, wenn du dein Handwerk gut gelernt hast, gestaltest du neue Spielregeln. Die ursprüngliche Macht der Frauen ist in allen Kulturen die Magie, die Fähigkeit zu kommunizieren, zu gestalten, Verantwortung dafür zu übernehmen, sich zu schützen und trickreich Zerstörung zu verhindern. Das ist nicht unpolitisch. Einfach ist es auch nicht.

Drei Wünsche

Eine Fee taucht auf. „Du hast drei Wünsche frei“, sagt sie. Der Streß beginnt: Was soll ich mir wünschen? In den Märchen sind die Leute so erhaben und wünschen sich „ewige Seligkeit“ zum Beispiel. Als Kind hat mich das immer beschäftigt. Was ist denn ewige Seligkeit? Aber vielleicht geht es überhaupt nicht darum, sich das Entscheidende zu wünschen. Was wäre, wenn dieser Mythos der drei Wünsche ein Erkennungszeichen wäre? Sage mir, was du dir wünschst, und ich sage dir, woran du zugrundegehen oder woran du wachsen wirst?

Drei Wünsche, sagen wir: Wohlstand, Gesundheit und Glück. Das sind doch drei Zustände, die eine sich gut wünschen kann, ohne Schaden anzurichten. Wohlig läßt sich das Leben an, keine Herausforderungen mehr, keine Hindernisse, keine Erkenntnisse? Die drei Wünsche signalisieren eine Reise in die Leichtigkeit. Gesund sterben, vorher gut leben, Glück haben. Mit diesen drei Wünschen gehst du an jeder Reibung, an schmerzhaften Erfahrungen vorbei. Du lebst in einer Art vorgezogenem Ruhestand. Du gibst dich zu erkennen als eine Person, die auf Sicherheit spielt. Du lockst die Krankenschwestern unter den Geistern, die guten Feen an. Also vielleicht etwas mehr Herausforderung? Einen interessanten, gut bezahlten Job, anregende Begegnungen, einen schönen Tod.

Schön und gut, jetzt fällt dir ein, daß du ja nicht allein auf der Welt bist. Was ist mit den anderen? Du hast, was du brauchst, du hast deinen Raum erweitert, der allgemeine Lebensraum wird immer enger. Jetzt denkst du vielleicht: Ich wünsche mir, daß alle Frauen frei sind, daß es auf der Welt keinen Hunger und keinen Krieg mehr gibt und daß wir alle einander lieben. Nicht schlecht, aber du hast ein Problem: Was ist Freiheit? Wie definierst du Krieg? Liebe? Darfst du für andere überhaupt mitwünschen, muß nicht jeder Mensch für das eigene Leben einstehen?

Du siehst, es ist ein philosophisches Problem, drei Wünsche zu äußern. Sind Tiere ein Teil deiner Welt? Hast du das Recht, für sie mitzuwünschen? Darfst du Frieden für alle wünschen, wenn es ein paar Menschen gibt, die Wut und Rache für sich durchaus als Mittel sehen? Darfst du überhaupt in die Welt, die Wünsche, die Gefühle der anderen eingreifen? Weißt du wirklich, was für alle gut ist? Kannst du überhaupt so wünschen, daß andere nicht davon betroffen sind? Es liegt in der Natur des Wünschens, daß eine so lange überlegt, abwägt, träumt, tanzt, spielt, lacht, probiert, bis sie weiß: Das ist jetzt gut, das wünsche ich.

Indem du drei Wünsche formulierst, gibst du dich als eine ganz bestimmte Person in einer ganz bestimmten Phase des ureigenen Wegs zu erkennen. Dieser Code öffnet dein Tor zum universellen Raum, du befreist dich aus der Enge dessen, was du denken, fühlen, wünschen darfst. Die Qualität deiner Wünsche definiert den Bereich, in den du jetzt eintrittst, die Ebene, auf der du Neues erfährst, beschenkt wirst. Wer immer nur Liebe, Wohlstand und Ruhe wünscht, wird die beglückende Erfahrung von hungriger Lebenslust, visionärer Phantasie und kreativer Unruhe wohl nicht kennenlernen.

Wenn du dich von deiner Enttäuschung über die Welt nicht trennen, dich nicht konzentrieren, nicht entscheiden kannst, kannst du das Geschenk der drei Wünsche nicht annehmen. Du zerpflückst es, Zweifel tauchen auf, du zensierst dich. Du wirst zur eigenen Gefangenenwärterin im vorauseilenden Gehorsam, den niemand einfordert. Wenn du den Zauber der drei Wünsche brichst, gehst du verloren. Eine interessante Möglichkeit, denn da, wo du verloren gehst, warst du noch nie. Das könnte auch der Weg zur Glückseligkeit, zur Ekstase werden.

Wenn du verloren gehst, sinkst du weiter in den unbekannten Raum ein, der uns verboten wurde. Für den Staatsreligionen erschaffen wurden, weil er so mächtig ist, daß er mit lateinischen Sprüchen, Mantren und Riten versiegelt wurde, damit niemand ihn finden soll.

Der spirituelle Raum wurde uns gestohlen, weil jede Person, die ihn gefunden hat, unkontrollierbar wird. Wer den spirituellen Raum frei durchwandern kann, über die haben die Mächtigen der Welt alle Gewalt verloren. Keine Gesetze gelten, keine kultischen Vorschriften, keine religiösen Regeln und Tabus. Alles ist frei erfahrbar, gestaltbar, zu rufen, zu lösen, zu verlassen, neu zu suchen.

Die Zahl drei hat im Märchen eine herausragende Bedeutung: Die Drei führt in den magischen Raum, in den Zauber des Nicht-Rationalen. HeldInnen müssen durch drei Räume gehen, die von wilden Hunden oder Drachen oder Schlangen bewacht werden. Kupferne, silberne und goldene Kostbarkeiten müssen passiert, dürfen aber nicht genommen werden. Drei Schwestern weisen den Weg, ein-, zwei- und dreiköpfige Drachen bewachen die jeweils zu überwindenden Hindernisse, Einäuglein, Zweiäuglein und Dreiäuglein beraten die Heldin, Klughans, Mittelhans und Dummhans stellen sich einer Prüfung, in der nicht selten drei Schwestern vorkommen.

Drei – für die drei Welten in allen Mythen, Unterwelt, mittlere Welt und Himmel. Drei wie die drei Lebensphasen: Jugend, Blüte und Alter. Drei wie die dreifache Göttin, die Junge, die Mutter und die Alte. Drei wie die Unterweltsfahrt aller HeldInnen – ins Verderben gehen, den tiefsten Punkt überwinden und die Erfahrung wieder im alltäglichen Leben einbringen. Drei Tage muß ein Held der Zauberin dienen, drei Tage muß sich auch die schöne Wassilissa bei der gestrengen Baba Yaga bewähren. Drei Aufgaben löst sie dabei, die unlösbar sind, die sogar absurd scheinen. Oder wie soll eine mit einem Behältnis ohne Boden Wasser schöpfen? Die Drei ist gekoppelt mit „irrationalen" Aufgaben, die durch Nachdenken, Geschicklichkeit, Wissen, Erfahrung, Kopfarbeit nicht zu lösen sind. Drei Schicksalsgöttinnen, die Moiren, die Parzen, die Nornen spinnen, bemessen und schneiden den Lebensfaden. Drei Matronen verehrten die Römer, ihnen stellten sie Bildstöcke auf, aus ihnen entwickelten sich die drei Bethen und schließlich „Anna Selbdritt" in katholischen Mythen.

Die Drei führt direkt zur urgeschichtlichen Göttinnentriade. Das weist auf einen besonderen Initiationsweg: Kraft, Beherztheit und Übermut der Jungen, Verantwortung, Wärme, Schutz der Mutter, Weisheit und Erfahrung der Alten. Hingabe ist gefragt, wenn drei Aufgaben oder drei Wünsche zum Thema werden. Du brauchst Beherztheit, Achtung und Respekt, Einfühlungsvermögen, Mut und Vertrauen, aber vor allem Hingabe an die Intuition, das Verlassen der berechnenden Alltagsstruktur, die Angst vor dem Scheitern. Es geht nicht mehr um Anerkennung, nicht mehr darum, wer dich lobt, bestätigt. Versagen und Erfolg läßt du zurück. Hier an der Schwelle der drei Prüfungen, der drei Wünsche geht es ganz radikal um das, was du wirklich fühlst, in aller Jämmerlichkeit, Peinlichkeit, Schrecklichkeit vielleicht sogar.

Die Drei läßt den Körper entspannen. Stellst du dir drei Gegenstände vor, sinkst du tiefer in einen ruhigen, entspannten Zustand. So wird die Zahl drei zum Tor in den weiten Raum der Imagination und damit auch der Neugestaltung. Mit der Drei definierst du dein eigenes Traumfeld. Mit drei Wünschen gibst du deine Identifikation durch: unverwechselbar, angepaßt an deine Qualen, deine Hoffnungen, deine Lust, deine Ängste. Du gibst dich zu erkennen.

Indem du drei Wünsche auftauchen läßt, erkennst du dich selbst, immer wieder neu, betrittst du immer wieder den Raum deiner Magie, die ursprüngliche Materialausgabe, wo alles geträumt wird, was sich materialisiert.

Erlangst du Erkenntnis, und sei sie noch so bescheiden, kannst du dich entweder hineinsteigern, weil du nicht weißt, wie du dieses großartige Erlebnis verarbeiten sollst, du fällst anderen auf die Nerven und erzählst deine kostbaren Augenblicke so lange, bis sie dir selbst schal werden, suchst Bestätigung, willst gelobt und bewundert werden. Oder du hütest deine Schätze, holst sie in dein tägliches Leben, läßt hier und da etwas nach außen fließen, erweiterst so deine Selbstsicherheit, deine Eigenmacht und wächst mit deiner eigenen Kraft. Die Initiation in deinen ureigenen Raum ist gelungen.

Ist sie nicht gelungen, wenn du verloren gehst? Wenn du dich im Reich der vielen Möglichkeiten, Wahrheiten, Lehren, Dogmen verlierst, dich vielen Meistern unterwirfst, viele religiöse Praktiken versuchst, kann deine Kraft schon zerstreut werden wie in einem Supermarkt, wo du nicht mehr weißt, was du eigentlich wolltest. Zuviel wird angeboten, zu ungenau ist deine Vorstellung. Aber auch ein Supermarkt hat einen Ausgang. Auch in einem Supermarkt kann eine durchaus gute Nahrung finden. Der rote Faden bist du selbst. Bleibst du bei dir, bei deinen Füßen, bei deinen Körperempfindungen, bei deinem Herzen, bei deinem Gefühl, dann ist es egal, ob zuviel oder zuwenig angeboten wird. Du willst etwas nicht tun? Tu es nicht. Jemand ist dir unheimlich? Meide diese Person, nimm deine Empfindungen ernst. Etwas überzeugt dich nicht, du hast das Gefühl eines Übergriffs? Schütze dich. Steh zu deinen Empfindungen. Sie sind dein Radarleitsystem, Wächtersignale deines Raums, hör auf sie, auch wenn du es noch nicht schaffst, die Warnungen in Widerstand umzusetzen. Gib deinen Signalen Bedeutung, auch wenn du ihnen noch nicht folgen kannst.

Alles Voodoo

Hast du auch schon Rituale gefeiert, in denen du im Lotussitz Om singend mit einer Adlerfeder umwedelt und heiligem Rauch beräuchert wurdest? Nicht schlimm. Es ist nur ein Zeichen der multikulturellen Vermischung der Traditionen. Und alles wäre überhaupt nicht problematisch, wenn wir nicht nur die Avocados, die Bananen, die Adlerfedern, die Voodootänze und die Kaurimuscheln aus anderen Kulturen, sondern auch die Menschen annehmen würden. Schwitzhütten mit anschließenden Zen-Meditationen, afrikanische „schamanische" Rituale, bei denen Tablas gespielt werden, Räucherstäbchen und germanische Symbole, Runen und Klangschalen, alles geht heute wild durcheinander. Bräuche, Riten, heilige Dinge reisen um den Globus, bleiben hier hängen und dort.

Tohuwabohu. Die alte Göttin Tohubohu aus Kleinasien triumphiert wieder. Alles darf wieder ins Chaos fallen und zwar gerade dort, wo die Ordnung am verzweifeltsten eingefordert wird. Dürfen wir afrikanische und amerikanische Ureinwohnergebräuche vermischen? Darf eine Frau, die vegetarisch ißt und die Natur liebt, von Computern begeistert sein? Kann eine Börsenmaklerin auch zaubern? Geht uns die Magie der Bönzauberer etwas an? Ist es spiritueller Kolonialismus, wenn wir die Maismutter oder Shakti anrufen?

Betrachten wir uns spaßeshalber mal vom Universum aus: Wir krabbeln auf dieser Kugel herum, die sich rasend schnell dreht und im Inneren glüht. Wenn wir auch die letzten rund 800 000 Jahre damit verbracht haben, uns fein säuberlich in Clans, Familien, Nationalitäten aufzuteilen, sind wir doch alle aus einem Nährboden gewachsen, mit derselben Energie, mit denselben Problemen konfrontiert. Warum Frauen von Männern unterdrückt und ausgebeutet werden (sich unterdrücken und ausbeuten lassen)? Keine Ahnung. Es gibt viele sinnvolle/sinnlose Spekulationen darüber. Fest steht, daß Frauen eine besondere Kraft haben, die mal faszinierend, mal lästig, mal bedrohlich, mal zerstörerisch, mal phantasievoll, mal zauberhaft an die Oberfläche steigt. Sie ist so mächtig, daß Irrenhäuser gebaut wurden, um diese Kraft, wenn sie schon nicht zu bändigen ist, wenigstens hinter Gitter und Mauern einzuschließen. Alexandra David Neel drückte diese Kraft so aus: „Du kommst hier nicht durch! Wirklich? Eine Frau kommt durch!“ Vorausgesetzt natürlich, sie will.

Es ist leicht zu verstehen, daß die Bemühungen von Männern, die über die Jahrtausende Macht auszuüben versuchten, vor allem dahin gingen, diese Kraft der Frauen für sich zu nutzen, und wo das nicht klappte, sie schon im Ansatz zu brechen. Natürlich kann man die Frauen wegsperren, aber das löst das Problem nicht ganz, denn da sitzen diese Frauen in Irrenhäusern, in ihren Küchen, an ihren Fließbändern, vor ihren Computern wie kleine Zeitbomben mit dieser Energie, für die Männer gar keine Rezeptionsorgane haben, so komplex ist sie. Außerdem lebt die Macht der Männer ja von dieser Energie der Frauen. Also entschieden sich die jeweiligen Herrschaften für Gehirnwäsche. Hypnose ist eine sehr wirkungsvolle Methode, unliebsame Energien zu stutzen, sie muß nur entweder früh genug oder intensiv genug eingesetzt werden, um andere aufkeimende Gefühle und Ideen zu verdrängen, ja im Ansatz zu ersticken.

Im Zentrum des christlich geprägten Denkens, das rund um den Erdball exportiert wurde, steht ein Apfelbaum mit einer Schlange. Schier unglaublich, daß im Zeitalter der Atombombe Apfelbaum, Frau und Schlange noch eine solche Sprengkraft haben, daß die Frau mit diesem Mythos nach wie vor zur ewigen Verführerin des scheinbar unwissenden Mannes wird. Ein Mann steht neben dem Apfelbaum. Er beklagt sich bei Eva über Lilith. Er sagt: Ich bin der erste Mensch. Die nächsten Siedler, die Eva, Lilith und die Schlange stören, sind Brüder. Der eine profiliert sich dadurch, daß er seinen Bruder erschlägt. Da kommt was auf uns zu! sagt Eva. Und so unwahrscheinlich diese „Schöpfungsgeschichten" sind, sie haben sich im christlich-orientierten Bewußtsein ebenso durchgesetzt und gehalten wie die Überzeugung des männlichen Gottes als Prototyp für nachwachsende Männer.

Warum dürfen denn Männer nicht in deinen Ritualen mitmachen? fragt mich eine. Das ist doch eigentlich rassistisch. Sie dürfen, wenn sie menstruieren, sage ich. Ich könnte jetzt natürlich sagen, daß es uns nur Ärger gebracht hat, wenn wir unsere magische Kraft mit Männern teilten, schon deshalb, weil Männer Ergebnisse und Beweise sehen wollen und wenn sie die haben, als nächstes nach der Macht greifen. Wozu wäre Magie sonst gut? Aber das ist gar nicht die Frage. Wozu ist Lachen gut? Wie kann man damit Macht ausüben? Das ist auch nicht die Frage. Lachen ist da. Ganz einfach. Lachen ist ein Weg. Wenn du offen bist. Magie auch.

Magie ist doch Voodoo, sagte mir eine Frau, und Voodoo ist doch sehr gefährlich! Da schlachten sie Hühner und tanzen so wild rum und schreien. Wer sagt, daß du Hühner schlachten und schreien sollst? Laß doch die Fon und die Ewe, die Yoruba und die Ashanti in Afrika Hühner schlachten. Laß doch die Macumbapriesterinnen tanzen und schreien, jede machts auf ihre Art. Schau dir genau an, wie jede ihre Art entdeckt und lebt. Familien sind auch sehr gefährlich. Über 60 Prozent der Gewaltverbrechen geschehen im Kreis der Familie. Hat das schon einmal eine Frau dazu verleitet, ihre Familie zu verlassen? Könnte Voodoo je so gefährlich werden?

Hausputz gehört zu den gefährlichsten Tätigkeiten. Trotzdem putzen Hausfrauen unbekümmert weiter. Mach dir deine Gedanken. Bleib bei deiner Eigenmacht. Früher, wenn du daheim gesagt hast: Aber die machen das so und so. Da fragte die Mutter vielleicht: Und wenn die aus dem Fenster springen, springst du dann auch? Die Muttersprüche sind schon nicht dumm. Oder: Das geht mir hier rein und hier raus, sagte sie, wenn du ihr lästig geworden bist. Das ist das vollkommene Bild der ursprünglichen Einigkeit mit allen Wesen. Alles wahrnehmen. Nichts festhalten. Heiterkeit.

Wir eignen uns das Wissen über die Kultur, die alten Künste, die Geschichte, die Geschichten der Frauen überall auf der Welt zu allen Zeiten an und entdecken all das in uns selbst. Dann bringen wir unsere Trommelhaut, unseren Klangkörper zum Klingen. Und wenn wir keine Diktatorinnen sind, sprechen wir uns mit den vielen Clans und Stämmen ab, die uns nicht nur bevölkern, sondern auch bereichern.

An ein Minimum von Schutz haben wir uns gewöhnt: Wir haben die Schwerkraft der Erde, die uns davor bewahrt, auf ewig im All zu kreisen. Die Ozonschicht schützt uns vor den zu starken Strahlen der Sonne. Kleidung schützt uns vor Kälte, Nässe und Hitze. Behausungen schützen uns vor der Urgewalt der Natur. Und dann gibt es natürlich eine ganze Palette von Schutzanbietern, die mit der Angst der Menschen Geld verdienen, Banken, Versicherungen, Wachdienste, Hersteller von Sicherheitsanlagen.

Das Schutzbedürfnis scheint in keinem Verhältnis zu den Gefahren zu stehen, die uns drohen. Nebulöse Angstmacherei hat schon lange die sachliche Auseinandersetzung mit realen Gefahren verdrängt, die darin besteht, die Gefahren und ihre Ursachen zu analysieren, die eigenen Mittel zu sammeln und Lösungsmöglichkeiten zu entwerfen. Die meisten potentiellen Gefahren lassen sich durch Vermeiden ausschalten, zum Beispiel ein Nein zur richtigen Zeit. Frauen haben nicht nur im Umgang mit Magie ein Problem, klare Grenzen zu ziehen, aber die Gefahren, die entstehen, weil eine im täglichen Leben nicht Nein sagen kann, werden kaum beachtet.

Magie, die Verbindung aller Wesen des Universums miteinander, die älteste Kommunikation, das mehr oder weniger schlampig betriebene Handwerk, die Philosophie existiert, ob wir uns schützen oder nicht. Menschen stoßen Flüche aus und verwünschen andere, richten ihre ganze Zerstörungskraft irgendwohin, wünschen sich die wahnsinnigsten Dinge, ohne daß sie es Magie nennen und ohne daß irgend jemand davon erfährt. Natürlich kann das gefährlich werden. Es kann so gefährlich werden, wie gedankenlos eine Straße zu überqueren oder die Finger über einem Stück Holz an eine Kreissäge zu pressen. Das Leben selbst ist lebensgefährlich und endet immer mit dem Tod.

Was andere losschicken, aber auch, was eine selber flucht und schickt und manipuliert, ist gefährlich. Deshalb ist es nicht schlecht, die Kunst des wirksamen Schutzes zu lernen. Sie besteht aus fünf verschiedenen Möglichkeiten:

1. Gefahr vermeiden, nicht in offene Fallen laufen – die Kunst, eine Gefahr rechtzeitig zu erkennen.
2. Ausweichen oder flüchten, wenn Gefahr droht – die Kunst, sich unsichtbar zu machen.
3. Gefahr abwehren – die Kunst der Selbstverteidigung und des Abwehrzaubers.
4. Angriff – die Kunst des Kampfes und der wirkungsvollen Attacke.
5. Durchlässigkeit – die höchste Kunst. Nichts abwehren, keinen Widerstand bieten, nichts an sich haften lassen.

Vor der Frage nach Schutz steht die Frage: Was tue ich eigentlich, wozu, für wen, wie tue ich es, welche Wirkungen haben meine Handlungen. Da haben wir schon das erste massive Problem. Selbstbetrug ist auch der erste Schritt zur Schutzlosigkeit.

1. Die Falle ist offen

Wer sagt, daß du hineinlaufen sollst? Aber offene Fallen zu vermeiden verlangt eine gewisse Heiterkeit und Selbstironie. Denn Fallen werden da aufgestellt, wo deine wertvollsten Überzeugungen liegen. Und dann erregst du dich zum hundertsten Mal über Tierquälerei, Atomkraft, Gewalt gegen Frauen – nicht, daß es darum ginge, sich darüber nicht mehr aufzuregen. Es geht darum zu wissen, wer diese Themen einsetzt, um dich zu beschäftigen. Und warum eigentlich mußt du ständig eine Probe deines Könnens abliefern? (Du kannst doch so gut kochen. So verklemmt kenne ich dich gar nicht, du hast Vorurteile. Kannst du wirklich zaubern? Das klappt doch nie!) Wer es schafft, dich in eine Rechtfertigungshandlung zu drängen, stellt dir erfolgreich eine Falle. Wenn du dir denken kannst: Dazu habe ich keine Lust, also mache ich es auch nicht, hast du die Falle umgangen.

Als magisch begabte Person wirst du oft bedrängt, einen Zauber für Heilung oder für den Weltfrieden zu machen, jemanden zu stoppen, jemandem einen Denkzettel zu verpassen. Auftragszauber zerstört deine Schutzschicht gründlicher als alles andere. Energetisch wirst du ausführender Teil eines fremden Plans. Trenne die Fäden, an denen andere dich ziehen. Je mehr du dich mit Magie beschäftigst, um so wichtiger wird es, bei dir, bei deinen Empfindungen, Überzeugungen, Zweifeln, Denkprozessen zu bleiben. Die Geschichte zeigt, daß ein Denkprozeß noch nie geschadet hat, während eine zu schnelle Entscheidung schon oft Katastrophen auslöste. Schütze dich vor Situationen, in denen deine Entscheidungszeit verkürzt wird. Wer deine Kraft brechen will, bricht zuerst deine Urteilsfähigkeit, deine Verbindung zu dir selbst. Wage es, dein Gefühl, deine Intuition in den Mittelpunkt zu stellen. Zögere nicht, aus den Situationen, in denen du dich getäuscht hast, zu lernen und daran deine Intuition wieder zu schärfen. Fehler sind erlaubt.

Mach dir immer wieder klar, welche Köder dich in eine Falle locken könnten, ich könnte auch sagen, worauf du todsicher hereinfällst, was deine unumstößlichen Vorurteile, Dogmen, Überzeugungen, Vorlieben sind. Wenn du diesen Ködern begegnest, schau genau hin, woran sie befestigt sind. Wenn jemand dran zieht, halte dich nicht allzu fest. Die Bewegungsfreiheit in zugeschnappten Fallen ist äußerst gering, das konnte gerade die rot-grüne Bundesregierung erfahren.

2. Konfrontation ist nur die halbe Kunst

Manchmal ist es einfach eine gute Idee, sich einer Auseinandersetzung nicht zu stellen, vielleicht weil du sie selbst nicht wünschst, nicht gesucht hast, weil sie dir aufgedrängt wird, weil du dich in etwas verwickelt siehst, das dich nichts angeht, dem du nicht gewachsen bist. Einer Gefahr aus dem Weg zu gehen, erfordert Klarheit über die eigene Kraft. Wovon kannst oder willst du dich herausfordern lassen? Fragen nach der Belastungsfähigkeit, die wir bei Autos z.B. ganz normal finden (hat dieses Auto Allradantrieb? Ist genug Benzin, Öl, Bremsflüssigkeit drin? Ist es geländetauglich?), stellen wir uns selbst selten, wenn wir vor schwierigen Situationen stehen. Bin ich heute zu einer solchen Auseinandersetzung überhaupt fähig? Wenn nicht, gehe ich ihr doch besser aus dem Weg. Ich kann dunkle Straßen, leere S-Bahnen, unangenehme Begegnungen auch vermeiden. Ich muß nicht unbedingt eine Begegnung mit der Göttin Kali suchen. Ich muß kein riskantes Zauberkunststück ausprobieren. Ein altes Schutzprinzip weiß: Tu nur, was du absolut nicht lassen kannst.

Wenn du schnell genug laufen kannst und die Rettung nahe ist, kann Laufen manchmal eine gute Idee sein. Es hat allerdings ein paar Nachteile: Du kommst außer Atem, hast keine Ruhe, um eine Verteidigungsstrategie auszuhecken, gibst deine Angst preis. Peinlichkeit und Lächerlichkeit sind immer noch wesentliche Faktoren in der

Schutzlosigkeit von Frauen. Umgekehrt wächst die Kraft, wenn du Peinlichkeiten wie spucken, rotzen, furzen, rülpsen, schreien riskierst, auf diese Weise arbeitet auch ein enger Raum für dich, der sonst vielleicht zur Falle wird.

Wenn ich nicht ausweichen will, stehen andere Fragen an: Was könnte ich essen/trinken, um dem gewachsen zu sein? Wie sollte ich mich kleiden, welche Schuhe sollte ich tragen, um mich geerdet und gut gerüstet zu fühlen? Es kann lebensnotwendig sein, unsichtbar, nicht wahrnehmbar zu werden. Indem du in für dich kritischen Situationen mit deinen Fähigkeiten nicht hausieren gehst, schützt du dich davor, mit eben diesen Fähigkeiten benutzt zu werden. An Kindern kann man sehen, wie Schutz vor lästigen, unverschämten Fragen funktioniert: zurückfragen. Sie werfen Sätze und Fragen so lange zurück, bis man aufgibt. Vollkommener Schutz.

3. Starke Abwehr

Dieser Schutz erfordert die meiste Kraft. Wenn eine Energie von außen mit aller Macht auf dich prallt, mußt du schon sehr stark, beneidenswert gelassen sein oder über mächtigen Zauber verfügen, um diese Energie von dir abzuwehren. Zaubermächtige Personen in Stammeskulturen, die viele magische Handlungen zur Manipulation von Wirklichkeit ausüben, sind den größten Teil ihrer Zeit damit beschäftigt, sich selbst zu schützen. Wer sehr sichtbar ist und mit den eigenen Kräften in den öffentlichen Raum powert, wird auch angegriffen.

Abwehr und Abwehrzauber finde ich arbeitsintensiv und kraftraubend. Allerdings ist Abwehr eine wichtige Station im Entwickeln deiner Eigenmacht. Beim Aufbau deiner Abwehr lernst du dich selbst, deine Fähigkeiten, deine Schwächen gut kennen. Du lernst argumentieren, widerstehen. Wo du am überzeugendsten bist, wirst du am wenigsten angegriffen. Abwehr erfordert ständiges Ausbessern der Schwachstellen deiner Verteidigung.

Spätestens hier merkst du, daß Schutz auch etwas mit Körperkraft zu tun hat. Wenn du Eigenmacht ohne Körperkraft entwickeln kannst, wunderbar, wenn nicht, such dir eine körperliche Betätigung, die dich aufbaut.

Körperkraft spielt zwar eine Rolle, kann aber durch ein einziges Wort gelähmt, gebrochen werden, wenn du das richtige findest. Ein gestählter Körper ist nichts gegen den Satz: „Ich habe hier eine Vogelspinne..."

In New York ging ich mal nachts von Ost nach West durch den Central Park. Ich hatte keine Angst, aber als ein Mann mit einem Fahrrad immer um mich herum kreiste, wurde es mir zu blöd. Ich hob die kleine Kamera in der Jackentasche hoch, richtete zwei gestreckte Finger mit der Kamera unter dem Stoff auf den Mann und sagte: I don't want to use it. Sofort fuhr er weg, und ich hatte nicht mal gelogen.

Magische Abwehr schickt die einwirkende Energie zurück zum Absender. Sie arbeitet mit Imagination, Symbolen und starker Eigenmacht. Deine Abwehrkraft ist stärker, wenn du dir bildlich oder sinnlich vorstellen kannst, wie du die Energie zurückschickst. Symbole, die dir etwas bedeuten, helfen dir, diese Imagination zu verstärken, beispielsweise ein Amulett, ein kleines Schild, eine Maske, vielleicht nur ein Papier.

Sogar die katholische Kirche fand im Mittelalter diese vorchristliche Idee attraktiv: Sie entwickelte im Alpenraum „Breverl", sozusagen Verkürzungen von heiligen Texten, die in Leder oder Stoff mit Kräutern, Wurzeln, Getreidekörnern und anderen magischen Dingen eingenäht und dann am Körper getragen wurden – als Abwehrzauber.

Augen und Hände sind klassische Abwehrzaubersymbole. Augen sollen den Blick einfangen. Hände wehren ab. Augen und Hände sind mit die ältesten Symbole, die auf Felsen geritzt in Kleinasien, Afrika, Südfrankreich oder im Alpenraum gefunden wurden. Abwehramulette oder Schilde haben einen Nachteil: Verlierst du sie, fühlst du dich sofort vollkommen ungeschützt, und es gelingt dir vielleicht nicht, deine Bindung an das Amulett zu lösen. Dabei ist es bei allen magischen Schmuckstücken oder Kraftgegenständen unbedingt notwendig, dich sofort zu lösen, sobald du sie verlierst, weil deine Abhängigkeit von diesen Dingen eine Art Nabelschnur bildet, auf der nicht nur deine Kraft zu diesem Gegenstand reist, sondern auch die Kraft der Person, die den Gegenstand findet, zu dir.

Abwehr(zauber)hilfen sind Hilfsmittel, sie ersetzen nicht deine eigene Kraft. Du kannst sie vorübergehend zur Verstärkung einsetzen, machst dich aber besser nicht abhängig davon.

Wichtig für die Abwehr von Angriffen ist auch eine gute Schutzimagination. Du kannst dir eine Farbe, eine Substanz vorstellen, die deinen Körper einhüllt. Spannend wird es, wenn deine Imagination spürbare Wirkung zeigt. Ich fahre, wenn ich stark eingeengt werde, gern meine Stacheln am Rücken aus. Je besser ich mir diese Stacheln vorstellen kann, um so mehr Platz bekomme ich. In Westafrika übernachtete ich einmal in einem heruntergekommenen Gasthaus, das gleichzeitig Bordell war. Da ich die Tür nicht abschließen konnte, stellte ich meine getigerte Plastiktasche in die Türöffnung und spuckte mit der Imagination drauf, daß sie sich in eine Raubkatze verwandeln sollte. Niemand störte mich. In der Nacht wachte ich auf, um aufs Klo zu gehen. Ich bekam einen tödlichen Schreck, als ich einen Tiger in der Tür sah...

4. Die Kunst der Kriegerin

Angriff ist die beste Verteidigung? Vergiß es. Angriff ist Angriff. Du mußt schon sehr souverän, geübt, mit Lust an deiner Eigenmacht begabt sein, wenn du den Weg der Kriegerin wählst. Indem du angreifst, machst du dich nicht nur sichtbar, du provozierst auch die volle Macht des Rückschlags. Kannst du die wirklich halten?

Lea, die Verlagshündin, erkannte bei unserem ersten Treffen sofort, daß ich weder eine bin, die sich automatisch unsichtbar macht, noch eine, die die Augen niederschlägt und in die Knie geht. Sie mußte eine Zeitlang mit mir knurren und kämpfen, bis wir uns aneinander gewöhnt hatten und jede ihren Raumanspruch geklärt hatte. Was zeigt, daß Hunde sehr genau sind: Der Blick ist für sie immer Ausdruck von Macht, also Angriff. Und: du kannst nichts vor ihnen verbergen. Aber vor einem Schutzschild aus Leberkäse kapitulieren sie sofort. Da kannst du jede Menge lernen. Zum Beispiel: Was ist dein Äquivalent zu Leberkäse oder einem Knochen? Was muß dir eine/r hinwerfen, um deinen Angriff, deine Power zu entschärfen?

Der Weg der Kriegerin führt nicht etwa in den Krieg, sondern aus dem Krieg heraus. Wie du kämpfen lernst, kannst du in einem Wen-Do-Kurs (Selbstverteidigung für Frauen) erfahren. Die magische Kriegerin sammelt ihre Verbündeten, ihre Kraft, ihre gemeinsten Tricks und geht spielen. Wenn du eine Angreiferin bist, kannst du schlecht Liebe und Zuneigung als Antwort erwarten. Du mußt dich entscheiden, ob es dir wichtiger ist, geliebt zu werden oder zu kämpfen. Weshalb es auch praktisch unmöglich ist, eine Liebesbeziehung zu haben und in dieser Beziehung plötzlich die Kriegerin zu sein.

Eine der stärksten Angriffstechniken ist übrigens, die Kraft des Gegenübers zurückzuwerfen, jedenfalls wird dieses Umkehren der Kraft als Angriff empfunden. Es ist nämlich auch eine alte Erkenntnis, daß Menschen, die hart austeilen, nicht genauso hart einstecken können. Begegnest du also deiner Meisterin, sei dir vorher klar, ob du das, was du aussendest auch gern wieder zurück hättest, ob du die eigene Zerstörungskraft aushalten kannst.

Ich habe nach dreißig Jahren feministischer Arbeit, Selbstverteidigung, magischer Lernprozesse kürzlich zum ersten Mal einen Voyeur mit Fotoapparat und Teleobjektiv aktiv angegriffen. Das war eine interessante Erfahrung. Meine Aggression schlug in Heiterkeit um, als ich den Mann mit seinem Kamerariemen und meinem Körper in den Schwitzkasten nahm. Er schlug mit der Handkante auf meinen Arm, aber ich spürte keinen Schmerz, nur wilde Kraft. Das machte ihn unsicher. Uns Frauen wird ja das Vergnügen der körperlichen Auseinandersetzung kaum je gestattet. Der Mann zitterte am ganzen Körper, was für mich eine wichtige Erfahrung war: Auch Männer haben Angst, wenn sie körperlich angegriffen werden. Als ich ihn losließ, lief er davon. Ich hatte ihm vorher versprochen, hier immer auf ihn zu warten.

Eine ähnlich starke Wirkung hat immer wieder meine Hahnenkralle, mein Universalschlüssel zur Selbstverteidigung schlechthin. Natürlich gruseln sich auch Frauen vor diesem abgehackten Hahnenfuß. In gefährlichen Situationen reicht es oft schon, die Kralle nur herauszunehmen und damit zu spielen. Ich habe mit ihr auch schon mal einen Streit zwischen zwei raufenden Betrunkenen geschlichtet. Und natürlich habe ich den Hahn, dessen Kralle mir heute Verbündete ist, selbst geschlachtet. Ich reiße mich nicht darum, ein Leben auszulöschen, aber die Erfahrung, daß ich dafür schon einmal die Verantwortung übernommen habe, stärkt mich.

5. Durchlässig wie der Wind

Für jemanden Luft sein ist ja nicht gerade der erträumte Zustand, und dennoch ist es die höchste Form des Schutzes. Wenn du so mit allem um dich herum verschmelzen kannst, daß du nicht wahrgenommen wirst, kannst du selbst alles aufnehmen, ohne Stellung beziehen zu müssen. Der Zustand ist nicht leicht zu erreichen und noch schwerer zu halten. Er setzt voraus, daß nichts an dir haften bleibt, keine Beleidigung, kein Schmerz, keine Gemeinheit. Alles strömt ein und wieder nach außen wie die Atemluft. Jemand wollte dir weh tun – na und? Vollende nicht das Werk, indem du die Wunde wieder aufreißt und neu infizierst. Jemand beleidigt dich? Was zählt das noch, wenn du nicht beleidigt bist. Jemand belegt dich mit einem Fluch – laß ihn los und nichts bleibt an dir haften.

Durchlässigkeit, vollkommene Glückseligkeit läßt die Leichtigkeit der Seele in alle Zellen und wie ein fernes Echo aus den Poren strömen. Du bist da und gleichzeitig nicht da, gelöst und leicht. Voraussetzung dieses Zustands ist, daß du Leben und Tod als vorübergehende Zustände spüren kannst. Wie sehr du auch an deinem Körper hängen magst – er bleibt dir nicht. Die schönen Dinge deines Lebens – sie bleiben nicht. Wenn du tot bist, zerstreuen sie sich, werden verkauft, zerstört. Menschen, die dich hassen – sie werden zerfallen, wie du selbst zerfällst.

Das Gefühl, geschützt zu sein, ist relativ und sehr persönlich. Ich fühle mich allein auf einem hohen Berg durchaus geschützt – für manche Frauen wäre das ein Alptraum. Andererseits ist eine hermetisch verriegelte Wohnung meine persönliche Vorstellung von Hölle. Da das Gefühl von Schutz individuell verschieden ist, mußt du herausfinden, welche Orte, welche Dinge, welche Imaginationen, welche Tiere oder Pflanzen für dich Schutz symbolisieren, ihre Nähe suchen und dich mit ihnen umgeben. Wenn du nicht durchlässig sein kannst, mußt du dich durch Abwehr schützen, aber wenn du übermäßig ängstlich bist, solltest du dich nicht mit magischen Experimenten beschäftigen, denn du wirst Energien anziehen, denen du vielleicht nicht gewachsen bist.

Solange du nichts weißt, bist du vor magischen Übergriffen ziemlich geschützt, du wirst vielleicht mal einen schlechten Tag haben, miese Laune ohne Grund, kleine Pechsträhnen, nichts Gravierendes. Je mehr du über die Zusammenhänge von Energie und Materie begreifst, je mehr du selbst eingreifst, um so sichtbarer wirst du, um so mehr Verantwortung trägst du. Aber wenn du deine Macht nicht mißbrauchst, wenn du offen und interessiert bist und keine Übergriffe machst, hast du nichts zu fürchten. Was du ausschickst, kommt zurück. Was andere dir antun wollen, schadet nicht unbedingt immer dir. Sei beherzt, zuversichtlich und unbekümmert, das ist der beste Schutz.

Eine Frau geht auf einer Straße dahin, plötzlich stürzt sich ein Mann von hinten auf sie und reißt sie zwischen zwei parkende Autos. Klarer Fall von männlicher Gewalt. Jetzt sehen wir die Szene in einem größeren Ausschnitt: Wir sehen den Mann, der die Frau zu Boden und zwischen zwei parkende Autos reißt, aber über ihr sehen wir einen Blumenkasten, der herunterfällt und dank des Eingreifens des Mannes nicht auf ihr, sondern neben ihr landet. Die Stimmung schlägt um: Nicht Gewalttäter, Wohltäter ist der Mann. Ach so!

Ein anderes Bild: Eine Frau rennt mit panischem Gesichtsausdruck vor einem Mann weg, der mit grimmiger Entschlossenheit hinter ihr her rennt. Keine Frau, die diesen kurzen Filmausschnitt gesehen hat, zweifelt bei der Heftigkeit der Emotionen sowohl bei der Frau als auch bei dem Mann, daß es sich um eine für die Frau äußerst gefährliche Situation handelt. Größerer Bildausschnitt: Beide rennen hinter einer Straßenbahn her, die gerade abfährt.

Täuschungen (wie hier durch die Wahl des Filmausschnitts) sind die vielleicht wichtigsten Stolperschwellen der Magie. Unsere Wahrnehmung ist selektiv und fragmentarisch, oft genug ist unser Realitätsbild manipuliert und geschliffen durch die Informationen, die uns zur Verfügung stehen oder nicht. Das mag in der alltäglichen Realität ein Problem sein, in der Magie kann es sich fatal auswirken, zum Beispiel bei einer magischen Handlung, die kunstvoll gewoben und aufgrund von falschen Voraussetzungen doch haarscharf daneben ist. Gut gemeint ist eben das Gegenteil von gut oder auch das Gegenteil von Kunst.

Die Täuschung ist zugleich eine der Hauptkräfte in gut funktionierender Magie (Illusionszauber) und die größte Gefahr. In eine Täuschung kannst du wie in ein offenes Messer rennen oder andere hineinmanipulieren. Jede magische Handlung bleibt mit dir verbunden, du bist für sie verantwortlich. Magie ist ein Labyrinth, undurchschaubar für alle, die ihre fünf Sinne nicht beisammen haben. Es ist wichtig, die Kunst der Täuschung zu lernen, einerseits um sie zu erkennen, andererseits, um sie anzuwenden.

Um Täuschungen, um die Wahrheit dahinter zu erkennen, mußt du deine Wahrnehmung schärfen, du mußt genau hinhören und vor allem genau hinschauen können. Das ist für Frauen oft nicht einfach. Denn wir haben gelernt, wegzusehen, uns zu schämen, uns zu fürchten. Je begrenzter deine Wahrnehmung ist, um so verhängnisvoller sind die Aktionen, die sich aus dieser eingeengten Wahrnehmung ergeben. Aus dieser Erkenntnis ergeben sich einige Regeln, die du beherzigen solltest, wenn du dich mit Magie beschäftigst:

- Handle nicht aus einer Emotion heraus. Je wütender, je verletzter, je begeisterter du bist, desto getrübter ist deine Wahrnehmung. Eine brennende Pfanne läßt sich nicht durch Hineingießen von Wasser löschen. Die Tränen der Frauen haben die Feuer der Welt noch nie löschen können. Es ist keine gute Idee, die Küche abzufackeln, wie beim Nato-Angriff auf Jugoslawien deutlich wurde. Der Volksmund ist hier wieder sehr genau: abwarten, Tee trinken.
- Setze deine Zaubersprüche so, wie du die Wirklichkeit verändern willst, nicht in der Negation. „Ich will nie

mehr arm sein" wird in der dünnen Luft des Universums zu „arm sein", denn das ist der Kern der Aussage. Was du rufst, kommt. Formulierst du „arm sein", egal in welchem Zusammenhang, rufst du die Armut.

- Es ist besser, Türen zu öffnen, als sie zuzuknallen. Was geschlossen wurde, läßt sich vielleicht nicht mehr öffnen. Da es schon genug Mauern, geschlossene Türen, Blockierungen und Verknotungen gibt, ist es besser, Spielräume zu öffnen, den Raum zu erweitern. Es ist zwar verführerisch, etwas ein für allemal zu beenden, aber es ist keine gute Idee. Das heißt, um beim Wohlstandszauber zu bleiben, daß es besser ist, Hindernisse auf dem Weg zum Wohlstand aufzulösen, als mit aller Wucht Schluß mit der Armut machen zu wollen. Sanfte Heiterkeit bewirkt mehr als wütender Widerstand.
- Gewalt läßt sich durch Zurückschicken erfolgreicher handhaben als durch Ausüben von Gegengewalt. Asiatische Kampfsportarten arbeiten mit dem Prinzip, den Gegner an der eigenen Gewalt auflaufen zu lassen. Dadurch sparst du Kraft und zwingst den Gegner, mit seiner eigenen Gewalt umzugehen. In der magischen Arbeit wird Gewalt zum Beispiel durch ein Schutzschild zurückgewiesen. Du kannst auch (im praktischen wie im übertragenen Sinn) einen Schritt zur Seite gehen. Der Angriff läuft ins Leere. Die angreifende Person strauchelt mit der eigenen Wucht. Wenn du dich nicht als Ziel zur Verfügung stellst, trifft dich diese Wucht nicht. Das erfordert Beobachtungsgabe und List, wesentliche Fertigkeiten in der Magie.

Die Magie der Täuschung arbeitet mit hohem Unterhaltungswert auf der Basis von existierenden Vorurteilen, Befürchtungen, Erwartungen. Wenn du diese Schwachstellen erkennst, hast du die entsprechenden Personen praktisch in der Hand. Du kannst sie wie auf Knopfdruck reagieren lassen. Dieser Trick wird natürlich auch bei dir immer wieder angewandt.

Der größte Teil spektakulär funktionierender Phänomene, Wunderheilungen, magischer Handlungen beruht auf Täuschung. Viele dieser (oft in Zeitungen inserierenden) Zauberer und Zauberinnen verlassen sich auch auf die Statistik. Irgendwas klappt immer. Sie lassen die Wahrscheinlichkeit für sich arbeiten und schinden damit bei ihrer Kundschaft Eindruck.

Paradoxerweise arbeitet die gut ausgeführte magische Täuschung auch im positiven Sinn: Was mit aller Macht behauptet und befördert wird, kann wahr werden. Ich habe im Alter von neun Jahren in der Schule behauptet, daß ich die Sommerferien in Italien verbringen werde. Ich hatte einfach unheimlich Lust, nach Italien zu fahren, obwohl das bei unserer finanziellen Situation undenkbar war – bis dahin war ich aus Bayern nicht herausgekommen. Die magische Projektion funktionierte, wie ich heute weiß, weil ich das Bild von mir in Italien stark imaginierte und dann den Wunsch einfach losließ.

Es war ein Spiel. Wir fuhren nach Italien. Meine Tante hatte sich ein kleines Auto gekauft und wollte damit eine Reise machen. Zwei starke spielerische Kräfte waren zusammengetroffen und hatten den Zauber bewirkt.

In Afrika, wo es undenkbar ist, daß eine erwachsene Frau nicht verheiratet ist und keine Kinder hat, erklärte ich stets, Mutter von drei Kindern zu sein. Eine Tochter hatte ich, die anderen behauptete ich, um im Rahmen der afrikanischen Normalität zu bleiben. Später zog ich in eine Hausgemeinschaft, in der ich die Zwillingsbuben eines Freundes mit großzog. Jetzt hatte ich drei Kinder.

In der Geschichte einer ägyptischen Einweihung las ich von einem Jungen, der Priester werden wollte. Eine seiner Prüfungen war, einen weißen Stier mit einer Mondsichel auf der Stirn zu finden. Der Junge zog durch ganz Ägypten und wurde in den Dörfern als angehender Priester begeistert gefeiert. Verzweifelt suchte er nach dem Stier, ohne den seine Einweihung nicht gelingen konnte. Schließlich fand er einen weißen Stier, der aber keine Mondsichel auf der Stirn hatte. Er nahm ein Stück Kohle und malte die Sichel einfach auf. Jeden Abend erneuerte er heimlich die Mondsichel und ließ sich feiern, aber er wußte, daß der Betrug von den Priestern schließlich entdeckt werden mußte. Er ging durch die Hölle seiner Schuldgefühle, seines Versagens, seiner Ängste. Am Ende war ihm alles egal. Er war bereit, seinen Betrug zuzugeben und eine andere Karriere zu wählen. Entspannt kam er in seinem Tempel an. Die Priester prüften die Mondsichel und versuchten, sie abzuwischen – sie blieb fest auf der Stirn. Seine Magie war gelungen, weil er sie losgelassen hatte.

Die wilden Göttinnen, die Zerstörerinnen, die dunklen Frauen sind in der Frauenbewegung aus der Verbannung geholt worden und zu neuen Ehren gekommen. Mit der Erkenntnis, daß wir auch das eigene Gewaltpotential, die Fähigkeit zur Zerstörung genau anschauen müssen, wuchs die Liebe zu Göttinnen wie Kali, Babayaga, Hel, Hekate oder den Gorgonen und speziell zu Medusa, der Schlangenhäuptigen. Unbefangen rufen Frauen diese Göttinnen an und überlegen nicht, was für eine Kraft sie da rufen, und schon gar nicht, ob sie dieser Kraft auch wirklich gewachsen sind. Je mehr sich Frauen mit Magie beschäftigen, um so genauer müssen sie in der Definition ihrer magischen Arbeit werden.

Kali ist zwar nicht nur Zerstörerin, Göttin der Unberührbaren, Gebieterin über die Zeit und damit Todesgöttin, in ihrer ursprünglichen Erscheinungsform war sie durchaus auch die Lebensbringerin, Hebamme ins Leben und in den Tod, Nährende, Richterin, aber wer Kali anruft, wird mit der elementaren Urkraft von Leben und Sterben konfrontiert. Eine sehr schüchterne Frau, die ich kenne, rief einmal Kali in einem Ritual, weil sie ihre Ehe als überkommene, verlogene Instanz empfand. Aber als das Feuer von Kali das Gewebe der Lügen abbrannte, hielt die Frau es nicht aus und wurde depressiv. Damit will ich nicht sagen, daß es gefährlich ist, Kali zu rufen. Es ist gefährlich, nicht zu wissen, was genau gerufen wird und ob das zu ertragen ist, mit Kräften zu kokettieren, die keine Rücksicht darauf nehmen, wenn eine vielleicht nicht stark genug ist, um die Energie zu halten, die sie gerufen hat. Nicht umsonst sind die „dunklen“ Göttinnen, die Seelenführerinnen, die Schattenfrauen auch die Göttinnen der Magie. Sie hüten die alten Wandlungsprozesse. Sie wachen über den Tanz der Energie. Sie prüfen jede, die meint, damit umgehen zu können.

Babayaga, Großmuttergöttin aus dem Osten, hat nichts Freundliches, Weiches, Verbindliches. Bei ihr kannst du etwas über nützliche Feinde lernen. Wie können Feinde nützlich sein? Freundinnen und Freunde wollen dir nicht weh tun. Manchmal sagen sie sogar die Unwahrheit, um dich vor Verletzungen zu bewahren. Sie lieben dich und lassen Zweifel und Kritik gar nicht erst zu. Ohne diese bedingungslose Freundschaft könnten wir nicht leben. Aber es gibt doch immer diese leise Unruhe: Sind meine Bilder wirklich so schön? Sehe ich wirklich gut aus, wie meine Freundinnen sagen? Hatte ich damit wirklich recht? Kinder sind nicht so leichtgläubig: Du sagst doch nur, daß ich toll bin, weil du meine Mutter bist! Du lügst doch!

Es gibt im Leben immer den Zeitpunkt der Erkenntnis: Wenn ich wirklich die Wahrheit wissen will, kann ich eigentlich nicht zu Menschen gehen, die mich lieben und mich deshalb vielleicht vor der allzu brutalen Wahrheit schützen wollen. Das ist das Signal, auf deine Feinde zu hören. Denn niemand ist so ehrlich und wohl auch so genau wie Menschen, die dich nicht leiden können. Es wäre aber auch falsch, die Aussagen deiner Feinde als absolute Wahrheit zu sehen. Sie sind ein Aspekt, eine Nuance, die du aber auch erfahren mußt. Verhängnisvoll wäre es, an dieser einen Aussage hängenzubleiben und sie für einzig repräsentativ zu halten. Das Geschenk der nützlichen Feinde muß mit großer Souveränität verarbeitet werden: Jemand spielt dir einen Ball zu, der nicht leicht bei dir landet. Nur das Negativste von sich zu sehen, ist auch eine Art Suchtstruktur – langweilig.

Babayaga bringt eine Energie mit, die sicher nichts schönfärbt, die nicht die Ecken abrundet oder das vorhandene Realitätsmaterial positiv modelliert. Der Kontakt mit der Kraft von Babayaga geht schonungslos in deine wahren Absichten. Wozu willst du denn magische Kraft? Bist du wirklich frei von niederträchtigen Plänen? Wenn nicht, rufst du Babayaga besser gar nicht erst. Sie konfrontiert dich mit deiner zerstörerischen Kraft. Wendet sie vielleicht sogar gegen dich.

Mit ihr gibt es keine Verhandlungen. Erfülle meine drei Aufgaben, oder du bist erledigt. Was mußt du dich so weit hineinwagen in ein Gebiet, das dich nichts angeht? Wer viel weiß, wird schnell alt, ist einer der Lieblingssprüche Babayagas. Kannst du wirklich das Schrecklichste anschauen, ohne daran zugrunde zu gehen? Du kannst es nur, wenn du dich selber nicht darin verwickelt findest, wenn du mitfühlend und offen bist. Es ist nicht einfach, zu wissen, wann eine soweit ist.

Babayaga fordert die Macht des Blicks in einer Frau heraus. In Italien wird dieser Blick, der magische Blick, der „böse" Blick, *il malocchio,* derart gefürchtet, daß jede Menge Abwehrzaubermittel erfunden wurden, um ihn fernzuhalten. Augen und Hände, Punkte, Spiralen, Marienbilder sollen den magischen Blick abwehren und nicht zufällig muß hier Maria ihre ältere Erscheinungsform vertreiben. *Il malocchio* ist in Italien nicht mit einer bestimmten Göttin verbunden, aber da die Magie im Volksglauben in Verbindung mit Hekate, der griechischen Kreuzwegsgöttin steht, die auch schon einmal eine Haushaltsgöttin war und eigentlich aus Afrika kam, wo sie Hekau, Worte der Macht, hieß und schwarz war, sind der machtvolle, der magische, der „böse“ Blick, die Magie und Hekate untrennbar verwoben.

Alte italienische Hexensprüche, die übrigens immer eine Art Küchenmagie mit Zwiebeln, Knoblauch, Thymian, Rosmarin und allen Arten Wurzeln waren, beschwören Hekate als Meisterin der Hexen, als Nachtfahrende und Beschützerin der Magie. Bei Shakespeare kommt sie als mächtige, fast unheilvolle rächende Göttin in „Macbeth“ vor. Die drei Hexen auf dem Kreuzweg rufen sie (wann kommen wir drei wieder zusamm'?).

Shakespeare war an der praktischen Magie noch nahe genug dran, um in Macbeth eine alte Erkenntnis umzusetzen: Rufst du Gewalt, kommt sie, auch über dich.

Auf Kreuzwegen nachts gerufen, ist Hekate zuständig für Entscheidungen, für Wege, für Veränderungen. Sie wacht über magische Rituale. Dabei ist die genaue Durchführung, die Ordnung eines Rituals nicht so wichtig wie die Grundstimmung der Frau(en). Wer heuchlerisch und verlogen an magische Manipulationen herangeht (ich tu das für den Weltfrieden, ich will gar nichts für mich, ich mache es für die Frauen usw.) hat schlechte Karten und kann unangenehme Überraschungen erleben.

Ein Märchen aus Deutschland, „Klughans, Mittelhans und Dummhans“ beschreibt, was passiert, wenn die Wesen der anderen Welt verarscht werden.

Eine Prinzessin ist schwerkrank und kann nur durch frische Feigen geheilt werden. Es gibt aber im ganzen Land keinen Feigenbaum, der jetzt Feigen trägt. Schließlich erfährt ein Bauer von all dem. Er hat tatsächlich den einzigen Feigenbaum, der Früchte trägt. Wer die Prinzessin heilt, soll sie zur Frau bekommen. Also geht der Älteste los. Er ist sich seiner Sache natürlich sehr sicher. Nach allen Berechnungen kann auch gar nichts passieren. Feigen werden sie heilen. Feigen hat er. Aber er muß durch einen großen Wald, und dort trifft er ein altes Männlein, das ihn bittet, seine Wegzehrung mit ihm zu teilen. Ich habe selbst nicht genug, findet der älteste Bruder. Was hast du denn in deinem Korb? fragt das Männlein, das natürlich ein Elementargeist ist. Pferdeäpfel, sagt frech der Bruder. Das wars dann. Er wird grün und blau geschlagen, als er der Prinzessin die Feigen, die jetzt Pferdeäpfel sind, offeriert – in der Magie gibts keine Koketterie! Dem zweiten Bruder, Mittelhans, geht es auch nicht besser. Nur der jüngste teilt nicht nur sein mickriges Essen mit dem Männlein, sondern erzählt auch gleich, was er vorhat. Auf die Frage, was in seinem Korb sei, sagt er drum auch: frische Feigen. Dann sollen's auch recht frische Feigen bleiben, sagt das Männlein.

Auf die Alltagsmagie des 21. Jahrhunderts angewandt heißt das: Sei beherzt, gerade heraus, nicht unterwürfig, nicht arrogant, nicht verlogen, nicht zynisch, nicht ängstlich. Und versuch ja nicht, Elementargeister, Elfen, Feen, Göttinnen oder Kleine Leute zu verarschen. Du kannst vielleicht deine FreundInnen anlügen, deine Kinder, deine Familie, deine ArbeitgeberInnen, aber niemals dich selbst und das Universum.

Auch keine gemütliche Zaubermutter ist die germanische Göttin Hel. Wer sie herausfordert, findet sich schneller als erwartet bei den Walküren im Totenreich wieder. Wozu Hel oder eine der mächtigen Schattengöttinnen überhaupt rufen? Wenn du dich mit Magie beschäftigst, überschreitest du den eingegrenzten Raum menschlicher Möglichkeiten. Du schwebst frei im Raum. Nimmst alles wahr, wirst von allem wahrgenommen. Magie wird nicht in der Behaglichkeit der Dreizimmerwohnung, des Eigenheims, des Ökogartens mit Biotop gewebt. Hier kann zwar eine magische Handlung durchaus stattfinden, aber sie endet nicht da. Sie garantiert dir nicht, daß deine Beziehungen, deine Wahrnehmung der Welt, deine kleine Ordnung so bleiben, wie sie waren. Mit magischen Ritualen forderst du vielmehr heraus, daß Energie frei wird, gelöst aus ihren materiellen Bindungen. Wenn du dann nicht genug Konzentration und Kraft hast, sie in neue Formen zu rufen, kann dir das eigene Wohnzimmer schon mal sehr fremd werden.

Und jetzt zeigt sich, wie wertvoll der Umgang mit den Königinnen der Nacht ist. Sie sind Initiationsführerinnen par excellence. Sie versprechen dir zwar keinen Rosengarten, schulen aber beizeiten deine Fähigkeit, Schocks zu verarbeiten, gelassen zu bleiben, dich mit Schrecken auf eigenmächtige Art auseinanderzusetzen. Gehst du zur Hel, dann gehst du über eine Brücke, die mal aus Feuer, mal aus Eis besteht. Bewacht wird sie von zwei Frauen, die auch schleimige Monster oder tückische Insekten, feuerspeiende Drachinnen oder unerträgliche Töne sein können. Passierst du sie, mußt du auf alles gefaßt sein, sollst aber nicht schon vorverkrampft schlottern.

Kannst du dich verbünden, ist der Triebtäter in der S-Bahn eine kleine Fingerübung – er wird wünschen, dir nicht begegnet zu sein. Denn Begegnungen mit Frauen, die in der Macht der Nacht gefeit, von den Feen der Schatten gestärkt wurden, sind gnadenlos irreversibel. Das Leben wird nie wieder wie vorher sein.

Versuch aber nicht, eine der Göttinnen auf magischem Weg auf deine Seite zu ziehen, von wegen, ihr habt doch auch eine Verantwortung, wenn Frauen und Kinder geschändet, ermordet werden. Da kannst du dir heftig die Finger verbrennen. Wenn dich das bekümmert, ist das deine Sache. Du wirst es nicht schaffen, deine Probleme, deinen Kummer, deine Verzweiflung zur Sache einer Unterweltsgöttin zu machen. Du mußt ihr die Mittel, die du zur Lösung deiner Probleme brauchst, beherzt rauben. Erst wenn sie sieht, daß du den mächtigen magischen Mitteln gewachsen bist, hast du eine Chance.

Auf die politische Situation übertragen heißt das: Du kannst zwar behaupten, einen Krieg zu führen, um Frieden zu gewinnen, aber die Göttinnen über Leben und Tod wissen, daß mit Geschlechtsverkehr nicht die Jungfräulichkeit erworben wird. Wer Gewalt ruft, erntet sie. Wer Kali, Babayaga, Hel, Hekate oder die Gorgonen aufruft zur Hilfe im eigenen „heiligen Krieg", kann die Palette grausamer Gewalt erfahren, die elementare Göttinnen zur Verfügung haben.

Der alte Mythos der Göttin Kali beschreibt die Schwierigkeiten beim magischen Anrufungsritual: Die „Götter" wurden mit den „Dämonen" nicht mehr fertig, also gingen sie zu Durga, der großen Mutter aller Wesen, und baten sie um ein bißchen Gewalt, weil sie sich im Recht wußten. Durga entließ Kali aus ihrer Augenbraue, und Kali erfaßte die Situation mit einem Blick: Alles eine Bande.

Sie fraß zuerst die Dämonen, dann die Götter. Bis sich einer, Shiva, opferte und sich vor die Rasende warf. Über den Ausgang der Geschichte gibt es mehrere Versionen. Eine meint, Kali sei jetzt befriedet, andere mutmaßen, daß dieser Frieden in Wirklichkeit nur eine Art Abwarten ist. Bannen kann Kali niemand. Wer sie ruft, ißt mit ihr von einem Teller. Wenn das Essen zu heiß ist – Pech. Und was sie verträgt, verträgt nicht jede. Auch für Kali gilt: Frei von Lynchjustizvorstellungen kannst du sehr wohl in Kali Unterstützung finden. Du kannst nur nicht erwarten, daß sie deine Zauberlehrlingsversuche geduldig mitmacht. Und auch die menschlichen Katastrophen sind natürlich zu schnellebig, um sie dauerhaft zu interessieren.

Die Gorgonen leben „jenseits der Zeit“ am Weltenfluß, das Boot, in dem sie zu dritt sitzen, sehe ich am Himmel in dem Sternbild, das Orion heißt. Es ist für mich das Gorgonenboot.

Die Gorgonen hätten schon ein paar magische Raritäten zu vermitteln: Sie können Menschen versteinern, von ihren Köpfen Schlangen giftig zischen lassen, ganz gewiß halten sie sich unliebsame Zeitgenossen vom Leib; ihre Verbundenheit mit Schlangen zeichnet sie als ganz alte afrikanischstämmige Göttinnen aus. In Afrika, in der Voodootradition der Yoruba, Fon und Ewe, ist die Schlange die unendliche sich wandelnde Urkraft, geschlechtslos, reine Energie, mächtig, belebend, nährend, tödlich.

Die Gorgonen für eine magische Handlung zu rufen, ist wohl nur eine gute Idee, wenn eine schon genau weiß, was da auf sie zukommt. Du rufst ja auch nicht zum Spaß eine Python, und – komisch – bei einer Python weiß jede sofort, welche Gefahr droht. Das heißt nicht, daß eine Frau keine Verbindung zu einer Gorgone haben kann. Es ist einfach wichtig, den Trick zu finden, wie du sie kennenlernst, ohne dabei zu versteinern.

Im Märchen „Jorinde und Joringel“ wird so eine Zauberin beschrieben, die um ihr verwunschenes, tief im wilden Wald liegendes Schloß einen Bannzauber gelegt hat. Versuch nur, durchzukommen und dir einen ihrer Vögel zu holen, die so wundervoll singen, daß du verzückt, ja erleuchtet bist, wenn du den Gesang hörst! Da haben wir den Hinweis auf die Besonderheit dieser Grenzsituation, der Schwellensituation „jenseits der Zeit“, wie sie uns die Gorgonen präsentieren: Einerseits ist die Gefahr groß, die eigene Lebenskraft zu verlieren. Andererseits liegt im Gewinn dieses Gesangs eine solche Beglückung, daß es zu verführerisch ist, um sich dem Bannkreis der mächtigen Zauberin nicht zu nähern.

Einfach mal hineinschleichen geht nicht, denn keine blöden Soldaten mit rührend blödsinnigen Waffen bewachen das Schloß. Eine Macht, die in dich einsickert, dir den Lebensnerv abdrückt, dich lähmt, dir das Blei des Schreckens durch die Adern fließen läßt, liegt hier in der Luft. Das mußt du nicht glauben, probier es aus – viele, viele sind schon erstarrt, weiß das Märchen, weiß auch ich. Kokettieren mit der magischen Macht – das hat noch nie funktioniert, nicht am Kailash, nicht am Obersalzberg.

Manche Frauen fallen bei der Begegnung mit den Göttinnen von Leben und Tod in den Wahnsinn. Aber der Wahnsinn ist eine gnädige Alternative zum Rausch der Macht, der eine befallen kann, wenn sie sich zu weit vorgewagt und zu wenig auf ihr Herz gehört hat.

Mit Kali und Hel, Hekate und Holla, Gorgonen und Babayaga, mit den Truden der Alpen, den Lus des Himalaya, den Al-Uzzas des Orients gibt es nur eine Verbindung: spielerische Kindlichkeit in der Weisheit der Alten. Zuversicht, Klarheit, Freude. Was du mitbringst, findest du dort vergrößert, bekommst du hundertfach wieder. Hüte dich vor deinem geheimen Gepäck in magischen Ritualen.

Vor der Inquisition gab es in ganz Europa Volksheilerinnen, Wahrsagerinnen, Besprecherinnen und in England bis zum Ende des letzten Jahrhunderts Windverkäuferinnen, die den Matrosen am Hafen einen günstigen Wind verkauften und einen Teil ihres Lohnes erst bekamen, wenn diese sicher von der Reise zurückgekehrt waren. In England sind „Hexen" nicht so gnadenlos und gründlich vernichtet worden wie z.B. in Deutschland. Es gab schon immer eine größere Toleranz dem Unfaßbaren, dem kleinen Volk, den Elfen und Feen gegenüber.

Die Kultur des frühen Mittelalters war geprägt von vielen verschiedenen mythischen Konzepten. Die Zeit war noch nicht in der Hand der Herrschenden, wurde den Menschen noch nicht mit gefälschten Kalendern, mit Uhren und Terminkalendern geraubt. Noch war die Kirche nicht allmächtig, noch war es möglich, römische, keltische und andere Rituale neben den noch nicht so fest etablierten Riten der Kirche zu feiern.

Doch die Abwertung alter Mythen und Bräuche war schon zu spüren. Die Römer wußten noch: Wer die Straßen baut, gewinnt Land. Christliche Ideologie perfektionierte das System des Zeitraubs. Zu spät erkannten die Menschen, daß die alte Ordnung zerstört, ein neues, gnadenloses Gefängnissystem aufgebaut wurde. So wie die UreinwohnerInnen Amerikas nicht begriffen, was die Seefahrer mit ihrem Landkauf bezweckten, weil sie sich nicht vorstellen konnten, daß man die Erde verkaufen und besitzen kann, wußten die alten EuropäerInnen nicht, daß die Macht über die Zeit die Versklavung der Menschen nach sich zog.

Der Wald hatte in dieser Zeit eine Bedeutung, die wir uns heute gar nicht mehr vorstellen können. Die Wälder des Industriezeitalters sind gelichteter Pelz der Erde. Raubbau und Krankheiten zerstören die Bäume. Schon gibt es kaum noch Wälder, in denen Menschen sich verirren, Tiere sich verstecken und klandestine Existenzen ihr Leben fristen können.

Der Wald war ja ursprünglich nicht romantisiertes Gebiet oder Ziel kitschiger, schwülstiger Vorstellungen. Der Wald war wild, unzugänglich und gefährlich. Zum einen gab es wilde Tiere, giftige Pflanzen, mit denen eben nur wenige Menschen souverän umgehen konnten, z.B. die Kräuterfrauen und HeilerInnen. Zum anderen war der Wald Zuflucht für alle „Vogelfreien", Ausgestoßenen, Gesetzlosen, Aussätzigen und Verbannten. Es war zum Überleben notwendig, die Gesetze der Natur zu studieren und kennenzulernen und sich gegen Räuberbanden und Mörder zu behaupten. Wer im Wald lebte, überlebte, wurde stark, wissend und wild.

Mittelalterliche Kultfiguren wie Hildegard von Bingen oder Dietrich von Bern bezogen ihr Wissen, ihre Grenzerfahrungen von den Menschen aus dem Wald, die als Outlaws ihr Leben fristeten. Der Wald war Nährboden nicht nur für Pflanzen und Tiere, sondern auch für Ideen, Philosophien, für Entdeckungen, ganz besonders in der Heilkunde. Subversive Zirkel suchten in der Verborgenheit des Waldes Sicherheit. Im Wald war alles möglich. Alles konnte dir begegnen, alles konnte sich ereignen.

Heute könnte sich kein Robin Hood jahrelang mit einer ganzen Räuberbande in einem europäischen Wald verstecken. Abgesehen von Infrarotsuchgeräten wäre kein Wald mehr dicht genug, um so viele Menschen zu verstecken. Wälder, Berge, Sümpfe und wildes Brachland sind vermessen, werden von Sateliten gefilmt. Jeder Millimeter der Erde ist heute bei Bedarf sogar nachts fotografisch erfaßbar. Agrochemie zerstört den gesunden Geruch des Waldes, der Landschaft. Gülle und Gift zersetzen den Boden, auf dem Land hört man heute oft mehr technische Geräusche – vom Rasenmäher über Traktoren bis zu Kreissägen – als Tierstimmen, denn auch Tiere können in diesen Planquadraten kaum noch überleben.

Gibt es also keine Wildnis mehr, mit der wir uns konfrontieren könnten? Gibt es keine Grenzerfahrungen, keine undurchdringlichen Dickichte und Wälder des Grauens mehr? Wer heute über Grenzen geht, kann zwar auch ins ewige Eis eines Achttausenders steigen, aber die wahre Wildnis ist die Wildnis des Herzens, nicht die romantisierte Vorstellung des wilden Waldes.

Einmal war der Wald Zufluchtstätte für alle, die aus der Zivilisation herausgefallen zum angepaßten Leben nicht taugten. Diese besondere Qualität hat heute ironischerweise nicht mehr der Wald, sondern die Stadt. In den Städten leben heute mehr Vogelpopulationen als in der agrochemieverseuchten, güllegetränkten, pestizidschwangeren Natur. Füchse, Dachse, Marder, Rotwild, sogar Luchse dringen in die Städte vor und holen sich Nahrungsabfälle, genießen die naturbelassenen Grünflächen und Parks, die man in Städten oft findet.

Die Anonymität der Stadt zieht gerade die Menschen an, die früher in den Wald flüchteten, alle bizarren Existenzen, ExzentrikerInnen, StreunerInnen, BerberInnen, Outlaws, Wohnungslose, ReligionsfanatikerInnen.... Ohne Ausweis, ohne Wohnsitz kann z.B. in Bayern auf dem

Land kein Mensch in Frieden sich bewegen. Wer sich der katholisch-traditionellen Fassade nicht anpassen mag, landet bald wieder in der Stadt. Das engstirnige Denken, das starre Korsett der Tradition, die vollkommene Überwachung durch die Nachbarschaft läßt unkonventionelle Lebensformen kaum zu.

Nachdem ich fünfzehn Jahre auf dem Land gelebt habe, bin ich in die Stadt zurückgekehrt, um die Freiheit der nächtlichen Streifzüge, einen unangepaßten Lebensstil zu genießen. Das urbane Leben mit Menschen aus verschiedenen Kulturen fördert Experimente aller Art, fordert die geistige Beweglichkeit heraus und läßt extreme Lebensformen zu. Geheime Zusammentreffen von Hexen an Kreuzwegen finden heute in der Stadt genauso wie auf dem Land statt.

Die Wildnis der Hexe ist als innerer Zustand zu verstehen. Wir werden die Magie der Ahninnen nicht erreichen, indem wir uns sklavisch an Erzählungen aus dem Mittelalter halten und alles kopieren, indem wir uns Spitzhüte aufsetzen, auch wenn das Spaß machen kann. Magie arbeitet immer mit allen Mitteln der Zeit. Mit Felsen und Computern, mit Zauberstäben und Kugelschreibern, mit Kräutern und Plastikdelphinen, mit Tee und Schnaps. Entscheidend für den magischen Lernprozeß ist, daß jede ihre Mittel findet und lernt, Zeichen zu lesen.

Zeichen finden sich überall, im Fernsehen, auf der Straße, im Wald, in einer einsamen Höhle, auf dem Müllplatz. Manche Frauen verwechseln Magie mit einer ökologischen Lebensform. Magie führt dich vielleicht zu einer harmonischen Beziehung mit der Natur, weil du lernst zu kommunizieren und zu verstehen; aber nur weil du dich mit Magie beschäftigst, heißt das noch lange nicht, daß du keine Cola trinkst und keine Wegwerfbatterien verwendest, auch wenn es wahrscheinlich ist, daß du deine Wahrnehmung, deine Sinne durch lebendige Nahrung und erhöhte Aufmerksamkeit verfeinerst.

Magie wird auch oft mit Moral verwechselt: Land ist besser als Stadt, Öko ist besser als Gift und Technologie, weiß ist natürlich sowieso besser als schwarz. Diese Polaritäten entstanden, als die Menschen noch dachten, die Erde sei eine Scheibe. Wenn du das brauchst, die Welt in zwei klare Fronten einzuteilen, wirst du noch viele Überraschungen auf dem Weg zu deiner magischen Kraft erleben, lustige, unangenehme. Je offener du bist, je freier du deine Wertvorstellungen wachsen läßt, die auf Erfahrungen basieren, nicht auf ehernen Traditionen, um so mehr wirst du erkennen, daß der Trennungsstrich zwischen gesund und krank, gut und böse nicht so leicht zu ziehen ist.

Es ist von Vorteil, ohne Panik nachts durch einen Wald gehen zu können. Es ist aber auch notwendig, die nächtliche Stadt nicht zu fürchten. Deine Magie schärft sich an vielen Herausforderungen. Vielleicht kannst du einen Betrunkenen abwehren, aber wie steht es mit einem Baumgeist (der sich dir vielleicht als schwankender, stürzender Baum zeigt)? Es ist gut, Kräuter der Macht zu kennen, aber es ist auch gut, aus gefundenen Zeichen in der Stadt einen Fetisch anfertigen zu können, der dir die Kräfte ruft, die sich in einer Stadt so verbergen, zum Beispiel die ältesten LandbewohnerInnen der Erde, Ratten und Kakerlaken.

Denkst du vielleicht, Realität ist einfach da? Sie entstehe aus sich selbst, ganz abstrakt und ohne Zutun von irgendeinem Willen, wie man es uns mit Kriegen, Hungersnöten und Börsenstürzen glauben machen will? Denkst du, die „Realität" ist so, wie sie uns dargestellt wird? Dann will ich dir noch ein paar Denkanstöße geben, immer vorausgesetzt, du interessierst dich für Magie. Denn wo etwas gestaltet wird, ist, bewußt oder unbewußt, Magie im Spiel. Magie im alten Sinn, als Gestaltungskraft, die Machtverhältnisse schafft, finden wir heute hauptsächlich in der Werbung, im Nachrichtengewerbe, in der Politik. Worte werden eingesetzt, um Millionen von Menschen in Schach zu halten. Worte erzeugen Lähmung, Stillhalten, Unterwerfung. Mit Worten werden wir gesteuert – wer weiß schon, was hinter diesen Worten steht, ob sie wahr oder gelogen sind.

Magie ist die Fähigkeit, durch Worte, Bilder oder Gesten Wirklichkeit zu gestalten. Auch die politische Realität kommt ohne Magie nicht aus.

- Streue einen Konflikt, hetze die auf, die am wenigsten begünstigt sind, am wenigsten zu verlieren haben, heize kräftig ein und achte darauf, daß deine Rede für alle Unzufriedenen Zunder enthält.
- Treibe einen Keil zwischen FreundInnen, indem du unauffällig ihre Lebenssituation manipulierst. Eine findet einen Job, die andere nicht, jetzt hat die eine mehr Geld, schon können die beiden nicht mehr dieselben

Vergnügungen teilen, jedenfalls wird es lästig. Die eine ist Abgeordnete geworden und hat die offizielle Seite zu vertreten, die Interessen verschieben sich. Eine kriegt Förderung, eine nicht, eine kriegt eine billige Wohnung, die andere ist gerade gekündigt. Solche Konflikte eignen sich sehr gut, um Freundschaften zu irritieren und schließlich zu zerstören. Solidarität entsteht meist in gemeinsamen Krisensituationen, sobald eine Sättigung eintritt, verblaßt auch die Solidarität. Schüre den Neid, das Mißtrauen, ist nicht die eine schuld, daß die andere zu nichts kommt? Alle Mächtigen verwischen die Spuren, die zu ihren Manipulationen führen.

- Finde Schwachpunkte und Irritationspunkte und bediene sie, drücke die Knöpfe, laß die Leute hochgehen, immer wieder. Sorge für Aufregung. Wenn sich die Aufregung legt, ist auch die Kraft erschöpft.
- Nutze das Bedürfnis der Zugehörigkeit, damit läßt sich einerseits viel Geld machen, andererseits kannst du dann ganze Gruppen steuern.
- Emotionalisiere alles, das verhindert einen gelassenen Zugang zum Weltgeschehen, außerdem kannst du Schuldgefühle erzeugen, mit denen gerade Frauen bestens in Schach gehalten werden.
- Verfahre nach dem Prinzip, mit möglichst wenig Energie den größtmöglichen Effekt zu erreichen. Wenn du möchtest, daß tausend Leute einen Saal verlassen, kannst du versuchen, jede Person einzeln zu überzeugen, was nicht gelingen wird, du kannst aber auch Feuer schreien und die Abkürzung nehmen.
- Halte die Leute beschäftigt. Falls sie Zeit zum Nachdenken haben, provoziere sie an ihren wunden Punkten (du bist unpolitisch, du bist überhaupt nicht offen,

früher warst du viel weiblicher, du bist doch eine emanzipierte Frau, da kannst du doch mal...).

- Die wirkungsvollste Manipulation geschieht nicht über Ablehnung und Strafe, sondern über Anerkennung, Lob, Aufnahme in spezielle Kreise, wo nicht jede reindarf. Sorge für „innere“ Kreise. Trenne „die Spreu vom Weizen“, das war schon immer ein wirkungsvolles Mittel, um kritisches Denken zu verhindern. Wer mal dazugehört, hält meistens den Mund.
- Sorge dafür, daß die Leute, die du manipulieren willst, sich gegenseitig bekämpfen, damit du nicht die Arbeit tun mußt.
- Denk daran: Wer Einfalt sät, wird Zwietracht ernten, die beste Voraussetzung für die Herstellung zweckgebundener Realität.
- Da Fragen gefährlicher sind als Antworten, sorge dafür, daß immer genug Antworten herumliegen, egal wie blöd und unbefriedigend sie sind. Wenn Fragen gestellt werden, lenke sie in für dich ungefährliche Bahnen, indem du die Fragen kritisch wiederholst und sie so an die fragenden Personen zurückgibst und damit eine Verunsicherung bewirkst oder indem du sie rhetorisch derart zerlegst, daß kein Mensch mehr weiß, was eigentlich gefragt wurde. Laß keine Frage offen. Das Netz der Antworten ist das wichtigste Gewebe der Realität von Macht.
- Wo du persönliche Macht entdeckst, binde sie für dich ein, zerstreu sie in weniger explosive Fragmente, korrumpiere sie, mach die Person unglaubwürdig, streue Gerüchte, denn merke: Was einmal veröffentlicht wurde, läßt sich zwar zurücknehmen oder dementieren, aber das funktioniert nach dem Prinzip „Lies dies Schild nicht“. Und wenn das alles nicht wirkt, benutze

das mächtigste Mittel, das Irrenhaus. Einmal drin – nie wieder glaubwürdig. Es gibt nur sehr wenig Menschen, die es aushalten, zu einer befeindeten Minderheit zu gehören, deshalb ist eins der wirkungsvollsten Mittel, kluge Frauen und Männer zu entmachten, zu diffamieren und in diese Ecke zu drängen. Keine „seriöse" Frau kann es sich leisten, mit „Esoterik" in Verbindung gebracht zu werden.

Um die Macht der eigenen Magie zu entdecken, mußt du zunächst einmal analysieren, wie die Macht anderer funktioniert: Wo wirst du gesteuert? Wie oft denkst du: Das darf ich gar nicht denken! Ich würde eigentlich lieber das machen, aber ich kann nicht, darf nicht, das geht jetzt nicht! Wie oft beugst du dich der „Vernunft", den „Gegebenheiten"? Und die vielleicht wichtigste Frage: Wo manipulierst du durch Vortäuschung von Schwäche, durch den Einsatz von Tränen? Wie oft fällst du auf Fetischworte wie Rationalität und Vernunft, Intelligenz, Seriosität herein?

II. Raumzeit

Die Tür ist offen

In Bayern wird das alte Maß, das es durchaus noch gibt, „Indianermaß" genannt: über den Daumen gepeilt und dennoch vollkommen genau. Bevor uns technische Geräte zur Verfügung standen, waren wir weitgehend auf unser Genauigkeitsgefühl, auf telepathische Kommunikation, auf gefühlsmäßige Zeit- und Entfernungsmessung angewiesen. Je mehr du auf technische Hilfsmittel verzichtest, um so genauer wird auch dieses Gefühl wieder.

Wer nicht mehr zu Fuß geht, tut sich schwer, größere Strecken zu Fuß zurückzulegen. Wenn du aber anfängst, deinen Lebensraum wieder mit den eigenen Körpermöglichkeiten zu erfassen, wirst du feststellen, daß alte, schon verloren geglaubte Fähigkeiten dir wieder zur Verfügung stehen. Eher zufällig zuerst, immer zuverlässiger danach.

Ich trage nie eine Uhr und kann auf fünf oder zehn Minuten genau sagen, wie spät es ist. Bin ich auf genaue Zeit angewiesen, gibt mir mein System die Zeit tatsächlich so genau durch. Wir arbeiten ständig mit dieser Meß- und Schätzfähigkeit des Körpers. Kein Mensch könnte autofahren, ohne Entfernungen, Bremswege, Fahrbahnbreite ziemlich genau schätzen zu können. Die alten Fähigkeiten liegen noch unter dem „zivilisierten" Zustand.

Die alte Fähigkeit:	*daraus wurde:*
• wahrnehmen	geistesabwesend sein
• erinnern	vergessen bzw. dem eigenen Gedächtnis nicht trauen

• vernetzt denken	linear denken
• heitere Gelassenheit	Leistungsdruck
• spielerisches Abrufen von Information	Lernen ist pauken, einbleuen, auswendig lernen und wird oft blockiert durch Angst, Panik
• alles für möglich halten	genau wissen, was nicht geht und warum. Selbstzensur
• Arbeit am Raum	Einhalten der gesetzten Grenzen
• Leben als Heilungsprozeß und Entdeckung neuer Räume	Leben als Krankheit, Hindernisrennen
• die Welt ständig neu zusammensetzen	eins vom anderen trennen
• es geht um Nichts	es geht um Alles, auf jeden Fall immer um irgend etwas
• Zeit und Raum sind flexibel und lassen sich frei gestalten	Zeit und Raum sind berechenbare Koordinaten
• Zeitgefühl	Uhr
• intuitives Maß	technische Meßgeräte
• kreative Entstehungsprozesse	Ergebnisse und Ziele
• Ein-Bildung	Ausbildung
• Phantasie, allumfassende Nutzung aller Impulse	Vernunft, Lernprozesse
• Intuition, Ahnung	Fakten, Tatsachen
• Denken, Wahrnehmen,Verstehen findet im ganzen Körper statt	für diese Prozesse ist nur das Hirn zuständig
• Belastbarkeit, weil Dehnbarkeit	Streß, schnelles Durchknallen, niedrige Frust- und Aggressionsgrenze

• Energie als ständiger Austausch und Erneuerung	Energie wird durch kurzlebige Versorgung auf die Dauer verbraucht
• Trance, Imagination, Visualisierung	virtual reality, Computer, Fernsehen, Technologie
• lernen als selbsthypnotischer lustvoller Vorgang auf Traumebene	Pauken, abfragen. Primat der materiellen Ebene als einzige Möglichkeit
• stell dir vor, du bist...	wenn du nicht, dann...
• Formulierung und Abbildung des gewünschten Zustands	Formulierung und Abbildung des unerwünschten, gefürchteten Zustands
• in Krise: alle Kräfte sammeln, Heiterkeit, Ruhe, Zuversicht	heraufbeschwören des Schlimmsten, Einengen des Spielraums
• assoziativ	ausgrenzend
• närrisch	logisch
• es kann dir alles zufallen	Zufall! Beweise die Signifikanz

Wenn du deine magischen Fähigkeiten entwickeln willst, tust du gut daran, die ursprüngliche Kraft deiner Sinne, deiner Erinnerung, deines Körperarchivs, deines Körpers wieder aufsteigen zu lassen. Magie bewegt sich (noch?) nicht im von modernen Geräten meßbaren Bereich, funktioniert nicht in Versuchsreihen. Deine magische Kraft hängt vollkommen davon ab, daß du ihr Raum und Wertigkeit gibst, sie nicht unter Beweis stellst. Was nicht bedeutet, daß es ratsam ist, die alltägliche Wirklichkeit zu verlieren, sondern eher, daß du die vielen möglichen Ebenen nebeneinander sein läßt, sie miteinander verbindest.

Auf dem Weg zur Macht der Zauberin werden dir oft die seltsamsten Forderungen gestellt. Wer stellt sie? Im Märchen sind das geheimnisvolle Wesen, Zwerge, Männlein, Tiere, alte Frauen. Im Leben des 20. Jahrhunderts, das ins 21. driftet, sind es die Zeichen, die du lesen können mußt, ohne die du nicht weiterkommst, die Paßworte, die plötzlich auftauchen und die nicht magisch begabte Menschen für Blödsinn halten. Aber ahnungslose Menschen halten auch Buchstaben und Zahlen für Hilfsmittel und nicht etwa für Zaubersubstanz.

Manchmal tauchen diese Anweisungen in deinem eigenen Kopf auf. Klar wie ein Gebirgsbach, scharf wie ein Peitschenknall: Geh in einen Wald und sprich sieben Stunden nichts! Wie bitte? Wer sagt das? Wer will mich manipulieren? Es ist wahr, Schnapsideen von entscheidenden Initiationsprüfungen zu unterscheiden ist nicht die leichteste Übung.

Magie ist nichts für schwache Nerven, für schwülstige Phantasien, für Gefühlsduseleien. Magie ist der Weg auf einer Rasierklinge über dem Abgrund. So attraktiv wie ein Kopfschuß. Magie ist die vollkommene Kunst der universellen Gestaltung.

Dem Geld nachjagen, Kriege führen, gestreßt sein, Magengeschwüre kriegen – das kann jede/r. Die universellen Energien zum Tanzen zu bringen, mitzutanzen und tanzend neue Formen zu erfinden, ist die Kunst der Magie. Jenseits von Manipulation und eiferndem Ehrgeiz ist die

Magie heitere Gelassenheit, absichtslose Gestaltung im Einklang mit der Energie des Gestalteten.

Zuerst hast du keine Ahnung. Du tappst im Labyrinth deiner Wünsche und Sehnsüchte, du willst unbedingt aus diesem Gefängnis von Verboten, Geboten, Traditionen, Vorschriften ausbrechen. Du willst zaubern können. Du willst die Welt nach deinem Wunsch, nach deinen Überzeugungen gestalten. Du willst gerecht sein, menschlich, großzügig, erhaben.

Der magische Weg erweist sich als Irrgarten. Was waren gleich wieder meine Überzeugungen? Dieser Verbrecher, der hätte doch den Tod verdient! Warum soll ich mich nicht bereichern, wenn ich herausgefunden habe, wie es geht? Warum soll ich nicht andere Menschen manipulieren? Warum darf ich nicht ganz toll dastehen, wenn ich schließlich ganz toll bin? Warum muß ich auf diese alte Kuh da Rücksicht nehmen, die mich gerade beschimpft hat, ich sei ein ungezogenes Luder und mir gehörten Manieren beigebracht. He, paß bloß auf, ich kann zaubern! Wozu soll Magie gut sein, wenn sie mir im Alltag nicht helfen darf, wenn ich sie nicht aus dem Hut zaubern darf, sobald ich mal in Schwierigkeiten komme? Und woher weiß ich eigentlich, daß etwas ein magisches Zeichen ist, eine Botschaft, eine Prüfung für meine magische Einweihung und nicht etwa der Beginn einer Schizophrenie?

Wahnsinnige Menschen hören ja auch Stimmen! Wenn zum Beispiel ein Abraham eine Stimme hört, die sagt, er soll seinen Sohn opfern – Wahnsinn. Und leicht zu durchschauen, denn er soll etwas zerstören, jemanden töten, genauer gesagt. Dazu hat er im universellen Gesetz überhaupt kein Recht. Wenn ich von einer Priesterin die Anweisung erhalte, im Ganges, im Wasser der Göttin Ganga zu unterzutauchen, weil ich sonst nicht zu Kali darf, kann ich das machen. Es betrifft nur mich, ich erkenne, daß das jetzt gerade wichtig ist, ich mache es, weil ich Lust habe, Kali zu treffen. Und treffe ich sie nicht da am besten, wo es mir am meisten graust? Wenn einer eine Stimme hört, wie mal so ein Sektenführer in Guyana, er soll alle seine Anhänger umbringen – klarer Fall von Wahnsinn. Wenn ich in mir eine Stimme habe: Heb diesen Zettel auf, er ist ein Zeichen für dich – kein Schaden. Vielleicht ist das ja nicht rational, aber es regt meinen Spieltrieb an. Magische Botschaften fordern dich nicht auf, die Welt zu retten, jemanden zu töten, etwas zu zerstören. Sie weisen dich auf eine Energie hin, die dich weiterbringt.

Es gibt da diese irische Geschichte von der Königin Macha, die auch eine Göttin ist. Macha tat sich mit einem irischen Bauern zusammen. Die beiden liebten sich wirklich. Und sie hatten eine tolle Zeit. Sein Vieh wurde fett, die Wiesen gaben soviel Futter wie nie zuvor, seine Geschäfte gingen gut. Er war glücklich, und er hatte diese wunderbare Frau, die wild und sanft, atemberaubend und erheiternd zugleich war. Wie alle Männer hatte er überhaupt keine Ahnung, welche Frau sich da mit ihm zusammengetan hatte. Das wäre auch in Ordnung gewesen, wenn er einfach glücklich und liebevoll geblieben wäre. Aber etwas nagte an ihm: Seine Frau war übermäßig stark. Sie konnte so schnell laufen, daß sie hinter dem nächsten Berg verschwand, wenn er nur loslaufen wollte.

Und dann wurde sie schwanger. Sein Glück kannte keine Grenzen. Zu Beginn ihrer Beziehung hatte Macha zu ihm gesagt: Was immer du tust, prahle nie mit meinen Fähigkeiten. Dann war er mal beim König zu Gast. Ein paar Pferde des Königs liefen gerade auf der Koppel herum, und der König lobte seine Pferde, wie schnell sie laufen konnten. Der Bauer konnte sich nicht beherrschen.

Das ist doch gar nichts, sagte er. Meine Frau kann schneller laufen als alle Pferde zusammen, obwohl sie schwanger ist. Hätte er bloß nichts gesagt! Hätte. Wäre. Wer kennt das nicht? Also gut, sagte der König. Dann soll sie mit meinen Pferden um die Wette laufen. Wenn sie es nicht tut, oder wenn sie den Wettlauf verliert, verlierst du deinen Kopf. Männer hängen nun mal an ihrem Kopf, den sie ohnehin stets überbewerten. Also ging er heim und beichtete alles. Macha band ihre Sachen in ein Tuch und ging mit ihm zum König. Da war schon ein regelrechter Auflauf von Menschen. Alle wollten diese Frau sehen, die mit Pferden um die Wette lief. Insgeheim freuten sie sich schon darauf, sie kräftig auslachen zu können.

Die Pferde tänzelten nervös, als Macha sich neben ihnen aufstellte. Auf das Startzeichen rannten die Pferde los, rannte auch Macha los – verschwand so schnell, daß die Pferde noch wieherten und schnaubten, als sie schon nicht mehr zu sehen war. Unnötig hinzuzufügen, daß sie nie mehr wiederkam.

In Märchen, die Verschlüsselungen von magischem Wissen sind, finden wir Hinweise:

- Nicht sprechen. (Bleib bei dir, blubbere deine Energie nicht hinaus, lenke deine Kraft nicht ab.)
- Nichts essen oder trinken. (Du sollst nicht ständig die Welt fressen und verdauen, geh in einen Zustand des Stillehaltens mit deinem Körper, schau dir an, wo die Energie hingeht, die sonst mit der Verarbeitung von Nahrung, mit der Verdauung beschäftigt ist.)
- Nichts von einem magischen Raum mitnehmen. (Es geht nicht darum, dich materiell zu bereichern, der Faszination des Besitzens zu verfallen, sondern wahrzunehmen, den Wunsch nach Besitz loszulassen, weil er dich schwer machen würde.)

- Keine Angst haben, trotz Terror. (Du bist in einer gefährlichen Situation, aber du bist geschützt, du bist auf einem Initiationsweg, bleib beherzt, halte deine Sinne zusammen. Laß dich von ein paar Unterweltsviechern nicht einschüchtern, oft kommen sie in der Gestalt von Polizisten, Soldaten, Hausmeistern, Chefs usw.)
- Nichts erklären. (Wenn du anfängst, deine Handlungen zu erklären, begibst du dich in die Defensive, als seist du Rechenschaft schuldig. Sag nur, was du unbedingt sagen mußt. Und manchmal ist die Wahrheit für alle anderen sowieso unverständlich, du machst die Situation also noch komplizierter, was zu immer neuen, umständlichen Erklärungen führt, die dann auch nicht verstanden werden. Laß es einfach bleiben.)
- Nicht verweilen. (Eine besonders wichtige Anweisung. Halte den Zustand magischer Verzückung, Berückung keinesfalls fest, komm auf den Boden zurück und bewege dich weiter. Ganz toll! Ganz beängstigend! Geh weiter, schau dich nicht um, halte nichts fest, sonst droht dir die Erstarrung in Faszination oder Schrecken. Mach dein Ding, gelassen, heiter.)
- Nicht prahlen. (Stroh zu Gold und so weiter. Ganz klar, daß das Prahlen mit Fähigkeiten, mit magischen Fähigkeiten große Anstrengungen und Streß nach sich zieht. Tu einfach, was du immer tust, was du aus deiner eigenen Erkenntnis heraus tun mußt, ohne dich zu exponieren. Es ist gefährlich, die eigenen magischen Fähigkeiten ans grelle Licht zu bringen. Manchmal ist es notwendig, aber dann weißt du es und bist stark genug, die Reaktionen auszuhalten und nicht das zu tun, was jetzt alle von dir erwarten.)
- Sich lächerlich machen und dazu stehen. (Das ist bestimmt eine der schwersten Prüfungen auf dem Weg zu

magischer Macht. Aber nur wenn du das aushalten kannst, stärkst du deine Kraft, machst dich von Lob unabhängig. Und Lob ist ja bekanntlich die tückischste Form der Gefangenschaft. In Märchen heiraten Männer Rattenfrauen oder Frauen Schweinemänner und setzen sich der Lächerlichkeit aus, aber sie wissen aus ihren uralten Informationszentren, daß da eine Verwandlung stattfindet, daß sich das Lächerliche ins Wunderbare wandeln wird. Als ich zum ersten Mal zugab, mit Lehm beschmiert nachts zu tanzen und zu rasseln, hatte ich es auch etwas schwer. Es war aber die Initiation in meine Urkraft. Und aus der Lächerlichkeit ist inzwischen das Alltägliche für viele Frauen erwachsen.)

- Sinnlose Dinge tun und sich nicht beirren lassen. (Wer einen Zauber webt und dabei beobachtet wird, weiß, wie hartnäckig Mitmenschen am Sinn magischer Handlungen herumsägen. Natürlich ist es einem Politiker nicht zu erklären, warum Steine in einen Kreis legen, rasseln, singen, lachen, tanzen, warum Kraftbeutel nähen und auch tragen, mit Göttinnen sprechen, für Spinnen tanzen die Realität nachhaltiger verändern wird als politische Konferenzen oder Sanktionen. Bei den eigenen magischen Netzen zu bleiben und sie unbeirrbar zu weben, wie die Prinzessin der sieben Schwanenbrüder die Nesselhemden webte, wirkt in der Ebene der Energie, auf der die menschliche Ordnung aufgebaut ist.)
- Sich helfen lassen, obwohl es unwahrscheinlich klingt, daß es funktioniert. (Kann dir ein Bettler helfen, wenn du in Geldnot bist? Aus vernünftiger Sicht wohl kaum. Im magischen Geflecht sehr wohl. Ein Bettler hat mir einmal eine Münze geschenkt, nachdem ich ihm fünf Mark gegeben habe. Die soll dir Wohlstand bringen,

sagte er. Warum behältst du die denn nicht selber? wollte ich wissen, und er sagte, wie in „SteinReich" beschrieben: Wer sagt, daß ich Wohlstand suche?)

- Aus Pfiffigkeit lügen, aber für die Wahrhaftigkeit auch aufrichtig sein. (Zu wissen, wann Tricks und Lügen in der Magie notwendig sind, wann verhängnisvoll, gehört zur größten Kunst einer Zauberin. Grundsätzlich sind Lügen da gefährlich, wo du zu feige bist, die Wahrheit zu sagen. Wenn es dagegen darum geht, auf den Vorurteilen und Selbstgefälligkeiten anderer zu surfen, um sie zu überwinden – gute Medizin!)
- Das Unwahrscheinliche und scheinbar Verrückte akzeptieren. (In der Geschichte von der Prinzessin im Baum rät die Tochter der Zauberin dem Prinzen, der die Prinzessin erlösen will, nach geglückter Erfüllung der drei gestellten Aufgaben als Lohn das schwächste Pferd der Zauberin zu nehmen, nicht etwa das stärkste. Das Schwache ist oft das Wahrhaftige, Ehrliche, im Schwachen steckt die unverbogene Substanz. Aus der schwächsten Situation erwächst die stärkste. Schon weil an das Schwache keine Anforderungen gestellt werden, niemand beachtet es, es kann sich unkontrolliert, ungestört entfalten zur wahren Größe.)
- Sich von der Schwere und Mutlosigkeit der anderen nicht anstecken lassen. (Auch eine ganz schwere Prüfung. Wenn schon alle in den Starreschlaf fallen, wenn alle vor Angst bewegungslos werden, wenn sich die Zaubertrance über alle senkt, mußt du deine fünf Sinne beisammen halten, nicht links und rechts schauen, alles, was du gelernt hast, anwenden, ohne dich von Zweifeln und Ängsten behindern zu lassen, denn die Starre der Mutlosigkeit und Resignation ist starker Zauber, den es zu brechen gilt.)

- Das richtige Wort zur richtigen Zeit sprechen. (Nichts Schnelleres, nichts Verhängnisvolleres gibt es als das Wort, das dir entfährt und nicht mehr zurückzunehmen ist. Hast du einmal gerufen, kannst du sehen, wie du das Gerufene wieder loswirst. Aber es gibt einen Augenblick, da mußt du mutig sagen, was du sagen mußt. Im Märchen vom Goldenen Vogel darf der Prüfling dem Fährmann das erlösende Zauberwort erst sagen, nachdem der ihn über den Fluß gesetzt hat, denn das Zauberwort macht den Fährmann frei und könnte den Jungen versklaven, weiter die Rolle des Fährmanns zu übernehmen. Er will dem Fährmann ja helfen, der rudert seine Fähre nun schon seit Jahr und Tag über den Fluß, natürlich will er ihn erlösen, aber wenn er ihm das Wort zu früh nennt, bekommt er seine magische Einweihung, also seine Angebetete, niemals, weil er dann selbst der Fährmann ist. Also genau aufpassen, was du wann wem sagst, wen du wann mit welchem Wort befreist, wo du was sagen, also rufen darfst und wo nicht.)

Die Heilkraft von Kräutern wird mittlerweile nicht nur von esoterischen Publikationen gepriesen. Auch die „seriöse Wissenschaft“ (der Fachbereich der Serientäter) erkennt ihre Wirkung an. Aber um diese berechenbare Kraft, die nachgewiesene heilende Wirkung von Kräutern und Nahrungsmitteln geht es hier weniger.

Worum geht's also? Ein Beispiel: Wenn ich ein Problem mit meinen Zähnen habe, gehe ich zu einem alten Freund, der Zahnarzt ist. Was mich allerdings mit meinem Zahnproblem weiterbringt, ist weniger seine Fertigkeit als Zahnarzt, sondern eher sein Gefühl für Musik. Er spielt selbst Saxophon und Flöte, das festigt den Halt meiner Zähne, aber wenn ich ihm das sagen wollte, würde er es nicht verstehen, wenn er sich auch wundert, wie diese „Neandertaler“-Zähne überhaupt halten.

Sage ich: „Ich hänge an meinen Zähnen“, lacht er. Er hat Sinn für Ironie. Wenn ich ihm aber sagen würde: „Die Musik, die du im Behandlungszimmer spielst, verwebt meine Zahnwurzeln mit dem Knochen“, wäre ihm das schon zu verrückt, obwohl er für spirituelle Inhalte durchaus offen ist. Oder nehmen wir Nelken. Natürlich haben sie eine desinfizierende, lokalanästhesierende Wirkung, aber das ist nicht der Grund, warum ich mir vor dem Zahnarztbesuch Nelkenöl ins Wasser der Munddusche tropfe. Vielmehr führt mich die feine Substanz nach Indien in den ekstatischen Nachtatem des Nelkenstrauchs, und ich werde weich und unverkrampft. Das ist die Voraussetzung, daß ich nicht vor Angst alle meine Zähne in den Spülbecher spucke, sobald ich behandelt werde.

Pflanzen sind in hohem Maß fähig, Freundschaften und Bündnisse einzugehen. Allerdings tun sie das, glaube ich, weniger gern, wenn sie vorher samt der Wurzel ausgerissen und in jahrelange Gefangenschaft gezwungen werden. Der neue Kräuterboom wirkt sich auf die ohnehin gefährdeten Lebensbedingungen vieler Pflanzen verheerend aus. Das Sammeln und Trocknen, Horten und Vergessen bringt dich der magischen Wirkung von Pflanzen keine Spur näher. Ich habe eine sehr interessante Erfahrung gemacht, mit der ich seit Jahren experimentiere: Ich pflücke die Pflanzen kaum noch. Oft setze ich mich zu ihnen, nehme ihre Energie auf, tausche mich mit ihnen aus, summe, gehe in Trance und erfahre ihre Kraft, ohne sie zu entwurzeln.

Mit Nahrung gelingt mir das zugegebenermaßen nur unvollkommen. Ich liebe es zu essen und stehe allen Erhabenen, die behaupten, nur von Energie zu leben, mit mildem Mißtrauen gegenüber. Es geht auch sicher nicht darum, nur noch Energie abzufragen und den sinnlichen Austausch zu vermeiden. Obwohl ich gestehe, daß es mich ultimativ befriedigen würde, wenn mir jemand zuverlässig zeigte, wie es sich von Energie allein so lebt.

Du wirst die spirituelle Substanz einer Pflanze nicht kennenlernen, wenn du sie nach allen Regeln der Kunst erntest, zerlegst und verarbeitest. Du mußt ihre Sprache lernen, dazu mußt du dich auf die Pflanze, auf das Nahrungsmittel als Energieform einlassen, also nicht vom Aspekt der Nützlichkeit, sondern aus Neugier heraus.

Pflanzen, die in magischen Sagen und Märchen immer vorkommen, sind alle Arten von Getreide, ganz besonders aber Gerste, Hirse, Nesseln, Feigen, Linsen, Erbsen, Bohnen, Wurzeln, Beifuß, Johanniskraut, Honig, Beeren, Holunder, Haselnuß, Walnuß, Wacholder. Magische Kraft läßt sich auch gut in Kuchen, Brot und Gebildbrote, in Suppe oder Zaubertrank einarbeiten.

Die einzelnen Substanzen

Gerste kann auf sehr kargem Boden wachsen und findet sich auch noch in etwa 4000 m Höhe, weshalb sie das Hauptnahrungsmittel, manchmal das einzige Nahrungsmittel der Himalayavölker ist. Im Mittelalter galt das auch für Europa, bis die Gerste von anderen Getreidesorten, Reis und Kartoffeln aus Amerika (eine Verwandte der Tollkirsche und der Tomate, die in ihren grünen Flecken das Solanin, ein halluzinogenes Gift, produziert) verdrängt wurde. Natürlich brauchten die Menschen das Getreide lebensnotwendig und sprachen ihm deshalb besondere Kraft zu. Aber mit Gerste hat es eine besondere Bewandtnis. Gerste galt als Kommunikationsmittel, als Öffner von alten Kanälen. Gerstenbrei, Gerstenbier und Gerstenbrot bewirkten, daß die Person, die solches aß oder trank, die Sprache der Tiere verstand oder für die Botschaften der Natur zugänglich wurde.

Gerste als magische Substanz ist Reisebegleitung, Beraterin, Übersetzerin für die Organe. Im Sympathiezauber vertrieb Gerste Warzen, Hühneraugen und Gewächse. Die betroffene Person warf Gerstenkörner über die linke Schulter, ohne sich umzusehen. Das Ganze wurde bei abnehmendem Mond zelebriert, wegen der Sympathiewirkung (Sympathiezauber: Gleiches zieht Gleiches. Gleiches bewirkt Gleiches). Ein Säckchen mit Gerstenkörnern um den Hals getragen sorgt für Schutz. Die Gerste symbolisiert in der alten Magie die Zahl 20 – 20 Körner stehen in einer Ähre. (Die Karte 20 im Tarot ist das Gericht.) Bei unseren Ahninnen waren Körnerorakel sehr beliebt: Ein flacher Teller mit Gerstenkörnern wird vor die Tür gestellt, aus der Form, wie diese Körner am Morgen verändert sind, zum Beispiel durch Tiere, ergibt sich die Deutung. Unberührte Körnerteller bedeuten, daß die Frage nicht angenommen wurde. Auch wurden Körner ausgestreut, und aus der Art, wie sie aufgingen oder eben nicht, wurde gelesen, ob die Antwort günstig oder ungünstig ausfällt.

Hirse ist ein ebenso wertvolles Grundnahrungsmittel wie Gerste. Hirsebrei macht sehend, öffnet die Kanäle zu anderen Ebenen. Und Hirse wirkt Magie. Der süße Brei im Märchen, der von der weisen Alten einem in Not geratenen Mädchen mit einem Zaubertöpfchen geschenkt wurde, war Hirsebrei. Hirsestroh vertreibt unangenehme Geistwesen. Hirse fördert den magischen Gesang, die Töne, die magische Gewebe wirken können. Hirsebrei wurde bei Beerdigungen gegessen, weil er die Lebenden vor der Kraft der Toten schützt und sie gleichzeitig hellhörig macht auf die Botschaften, die vielleicht noch durchkommen wollen. Der „Hausdrachen" in alten Bauernhäusern, also das mythische Wesen, das das Haus beschützte, wurde mit Hirsebrei gefüttert. Hirse ist die beste Nahrung für die Percht und ihr wildes Gefolge in den Rauhnächten. Geister lieben weiße Speisen, Hirsebrei ist ihr Lieblingsgericht. Will eine zaubern, sollte sie ein paar gute Hirsegerichte auf der Pfanne haben.

Nesseln können wandeln, transformieren, dich aus der Haut fahren, dir eine neue wachsen lassen. Natürlich sind sie auch gesund, reinigen die Nieren und enthalten jede Menge Spurenelemente, das heißt, Kommunikationsteilchen aus dem Universum, insbesondere Selen, das Element, das dich mit der Mondenergie vertraut macht. Aber die magische Wirkung von Nesseln ist eine ganz besondere, einmalige: Sie befreien dich aus dem Korsett der alten Energie und lassen dich frei fliegen. Sie holen dich aus der Gefangenschaft, zeigen dir die feurige Ekstase der Lust. Sie wecken die Erinnerung der Haut. Sie öffnen dein Sensorenfeld. Sie stellen dich auf Empfang. Und sie schützen dich. Nessel in einem Beutel getragen oder verwoben zu einem Hemd hilft dir, deine Kraft zusammenzuhalten – Schutz durch das Bewußtsein der eigenen Stärke. Nessel als Zauberkraut mit einem Zerstörungszauber verbunden kann töten. Medeas Feuerzauber-Hochzeitskleid für ihre junge Nebenbuhlerin, die in ihrem Kleid verbrannte, soll aus Nessel und Flüchen gewoben worden sein.

Werden Wolle, Flachs oder Nessel verwoben oder verstrickt, so zieht das ins Gewebe ein, was während der Arbeit gewünscht, beschworen wird. Das „Nestelknüpfen" dagegen, das Verknoten von Hosenbändern, Schuhbändern und anderen Schnüren (Nester knüpfen, Nester für Geister bereiten) soll Hindernisse aufbauen.

Feigen gelten wie Äpfel und Granatäpfel als Früchte der Göttin. Während der Granatapfel die Brüste symbolisiert und der Apfel die Gebärmutter, ist die Feige die Vagina. In der Magie wird die Feige zum Abwehrzauber und Verführungszauber verwendet. So mächtig wird die Vagina eingeschätzt, daß die Feige, ihr Sinnbild, alle Gefahren abwenden kann. Sie ist die Nummer eins der apotropäischen, das heißt unheilabwendenden Zaubermittel. Neid- oder Verschreifeige nannte man im Alpenraum Amulette in Feigenform gegen unangenehme Einflüsse.

Als magisches Nahrungsmittel heilt die Feige Verwilderungen im Körper, das heißt sie entschärft Energien, die nicht mehr im Einklang mit dem Körper sind.

Linsen, Erbsen, Bohnen – Hülsenfrüchte ganz allgemein – sind Kraftnahrungsmittel nicht nur für den Körper, sondern auch für die magische Energie der Zauberin. Besonders wichtig scheint in Märchen die Tatsache zu sein, daß sie das alte Wissen im Körper wecken und schier unüberwindliche Kraft geben. Auch für Zauberorakel werden oft Erbsen und Bohnen verwendet. Babayaga läßt die schöne Wassilissa Erbsen zählen. Hülsenfrüchte sind die Nahrung der unheimlichen, furchterregenden Göttinnen, die auch Wert auf die Sprache der Verdauung und ihre Deutung legen.

Wurzeln (Enzian, Bärwurz, Schwarzwurzel, Pastinak, Gelbe Rüben, Runkelrüben) nähren dich mit der Sprache und dem Wissen der Unterwelt, der Zwerge, der Unterweltsgeister und Dämoninnen, aber auch mit dem Wissen der Erde. Wurzeln schaffen dir wieder Boden unter den Füßen, erden dich, bringen dich zurück zum Wesentlichen. In der Magie haben sie die Aufgabe, deine Füße am Boden zu halten, während dein Geist fliegt. Sie schenken dir Ausdauer und Zähigkeit. Wurzeln müssen sorgfältig ausgegraben werden – sie werden ans Licht geboren, die Zauberin ist die Hebamme. Der Augenblick des Aushebens ist auch der Augenblick der Kommunikation – jetzt erfährst du alles von der Wurzel, vorausgesetzt du verstehst sie. Magisches Wurzelwasser erhältst du, wenn du die Wurzel in Wasser in die Mittagssonne legst und dann, mit etwas Alkohol versetzt, alles in ein Fläschchen füllst. Weihwasser im ältesten, ursprünglichsten Sinn! Heilwasser! Die wirksame Substanz ist dabei die feinstoffliche.

Beifuß – es ist mir das rätselhafteste aller Kräuter, ich habe jahrelang damit experimentiert, mich fast damit vergiftet, mich von einer Darmkrankheit damit geheilt. Ich habe die Verwandtschaft des Beifuß kennengelernt, den

Wermut, schockierend bitter und unergründlich, ich habe Beifuß gekaut, mit Beifuß meine Wohnung geputzt, Beifußkraut zu einer Sohle geflochten und als Einlage für meine nackten Füße in Bergschuhen benutzt. Beifuß – Artemisia – scheint meine persönliche Beraterin zu sein, ohne daß ich ganz genau definieren könnte, wie sie mich berät. Ich weiß, daß Beifuß in großer Menge giftig sein kann, daß Sherpafrauen Beifuß nicht innerlich anwenden, sondern nur zur Vertreibung der Geister aus dem Haus, indem sie mit einem Sud den Boden putzen. Im Bayerischen wird Beifuß Machtkraut genannt, und das hat mit einer Kontraktionen auslösenden Wirkung zu tun, aber auch mit der Beifußenergie, die eine urweibliche ist. Ich bin davon überzeugt, daß jede Zauberin irgendwann zu ihrem Begleitkraut findet, der Substanz, die jeden Zauber bindet, jede magische Handlung bekräftigt, jeden Spruch abschickt. Für mich ist das Beifuß. Ich forsche weiter...

Johanniskraut wird in der magischen Arbeit zum Schlüsselkraut. Natürlich vertreibt es auch Depressionen, hebt den Druck auf, den eine spürt. Johanniskraut macht aufmerksam für Geheimnisse, die irgendwo verschlossen, versteckt wurden. Es öffnet magische Tore, hilft beim Entschlüsseln von Rätseln und nährt die alte Erinnerung, die Johanniskraut aufsteigen läßt. Bei Sommersonnwende gepflückt und befragt, enthüllt das Kraut allerhand Überraschungen. In Olivenöl eingelegt kannst du Johanniskraut auch als Trancemittel verwenden, indem du den Körper einreibst und die magischen Substanzen durch die Haut aufnimmst.

Honig ist so magisch wie problematisch. Diese Substanz wird den Bienen ja gestohlen, und mit jedem Löffel Honig ißt du auch die Energie der unermüdlichen, sinnlosen Arbeit der Bienen mit. Wenig, ganz wenig sollst du ihnen rauben und ihnen dafür etwas schenken, zum Beispiel kannst du Sträucher und Kräuter pflanzen, die den Bienen dann wieder Nahrung geben. Nur den reinsten Honig sollst du für magische Zwecke benutzen. Behandelter Honig verliert seine magische Kraft. Honig klärt die Energie. Macht alles sichtbar. Ordnet das Chaos – vorübergehend. Honig erhält deine magische Kraft rein und wehrt zerstörerische Einflüsse ab. Eine wichtige Funktion hat Honig bei Initiationen: Er wird zur Hebamme an der Schwelle, hilft dir, in den neuen Zustand überzugehen und schützt dich dabei.

Waldbeeren sind die Speise der Naturgeister, vielleicht auch ihre Wohnorte. Sie helfen dir, deine Gestalt zu wandeln, kleiner, größer zu werden, deine körperliche Form zu verändern. Getrocknete Heidelbeeren in einem Beutel rufen die magische Verwandlung.

Beim *Holunder* oder Holler hast du es mit der Göttin Holla, Hulda, Holle, Percht höchstpersönlich zu tun. Sirup aus den Blüten und Saft aus den Beeren (roh ist die Beere giftig, kein Wunder bei den Unterweltsbeziehungen der Göttin!) ist eines der wirksamsten Heilmittel gegen Fieber und Entzündungen. Und als magisches Mittel ist Holler unschlagbar. Das Holz ist der Körper der Göttin, Blüten, Früchte und Blätter sind ihre Sinne. Mit ihr rufst du die Unterwelt, die Schatten, die Geheimnisse der Nacht, mit ihr gehst du in das Grauen deiner Ängste. Wer einen Holunderbaum abhackt, kann unangenehme Überraschungen erleben. Holunderholz darf nicht verbrannt werden, es setzt ätzende Energien frei.

Haselnuß und *Walnuß*, auch Welschnuß genannt, sind die meistgenannten Zaubernüsse der Märchen. Bis zur Einführung der Walnuß in unserem Kulturbereich vor rund tausend Jahren galt das Wort Nuß selbstverständlich für die damals einzige Haselnuß. Der Haselstrauch gibt Antwort auf alle Fragen. Zauberstäbe aus Haselholz können besonders gut Wind rufen, aber auch gefährliche Unterweltswesen mit nur einem leichten Schlag beruhigen. Mit der Haselpfeife wird das Wachstum, die Fülle gerufen. Und in der Haselnuß selbst halten sich gern dienstbare Geister auf. Hat eine Nußschale ein kleines Loch, gilt das als Zeichen, daß sie von Geistern bewohnt ist, die durch Klopfen gerufen werden können.

In der Walnuß verstecken Feen prächtige Kleider, Schmuck und sogar Schlösser für märchenhafte Heldinnen. Wie ist das zu verstehen? Du knackst die Nuß, und heraus kommt ein Kleid aus den Farben des Meeres? Ja, vielleicht, auf Umwegen schon. Die Walnuß hat die Form eines Gehirns. Vielleicht ist sie ein natürliches Elektronengehirn. Du gibst einen Wunsch ein, und wenn du alles richtig gemacht hast, schicken dir dic Impulse dieses Biorechners dann, was du brauchst.

Wacholder ist das klassische AhnInnenkraut. Mit dem Rauch, der beim Verbrennen der Zweige aufsteigt, werden Ahnengeister freundlich gestimmt. Wacholder enthält wie Salbei und Rosmarin (auch diese Kräuter werden in verschiedenen Kulturen zum Räuchern und Ahnengeisterrufen verwendet) eine große Menge ätherisches Öl. Wacholderbäumen kleine Gaben zu bringen, besänftigt KrankheitsdämonInnen und Energien, die alles durcheinanderbringen. Es versteht sich von selbst, daß Wacholderschnaps (Gin) der ideale *spirit for the spirits* ist.

Die hohe Kunst der Magie zeigt sich in der Küche. Der Kessel bringt es an den Tag. Du kannst ein Leben lang kochen und nie etwas von der alchimistischen Kunst, von der zauberhaften Verbindung der Substanzen erfahren. Es ist sogar wahrscheinlich, daß du, je mehr du in der Küche stehen mußt, um so weniger davon weißt. Ich kenne aber auch Frauen, die einen großen Haushalt mit Kind und Kegel hingebungsvoll versorgen und die inspiriertesten Zauberinnen sind. Alles ist möglich.

In der Verarbeitung von mehreren Substanzen zu einer Zaubersuppe oder zu einem Zaubertrank zeigt sich die besondere Kunst einer jeden Zauberin. Der Zaubertrank der keltischen Göttin Cerridwen mußte ein Jahr und einen Tag lang in ihrem Kessel kochen. Ökologisch bewußte Frauen werden jetzt anmerken, daß nach einem Jahr und einem Tag in so einem Trank keine Vitamine, keine Nährstoffe, keine wie auch immer wertvollen Stoffe übrig geblieben sein können. Der Zaubertrank gehört nicht zur Vollwertküche.

Im Gegensatz zu den biologisch wirksamen Stoffen des gesunden Essens wirken der Zaubertrank wie auch die Zaubersuppe allein durch ihre energetische Alchimie. Es hat wenig Sinn, eine Suppe ein Jahr lang auf dem Herd stehen zu lassen, wenn du nichts über die energetischen Verbindungen deiner Zutaten weißt. Bereitest du einen Zaubertrank oder eine Zaubersuppe, dann wählst du zuerst die Zutaten aus, die mit dir befreundet sind, fang nicht an zu kochen, ehe du sie nicht kennst.

Du solltest auch dein Verhältnis zu den Elementen neu überdenken, denn in der hohen Magie des Kochens und Zusammenbrauens brauchst du sie alle. Das Feuer (wie angefacht? wie gerufen? gebeten? wie ist deine Beziehung zu Feuer?) erhitzt den Zaubertrank, der natürlich zu großen Teilen aus Wasser besteht (welchem Wasser? von welchem Ort? wann geholt? wie besprochen, besungen?). Die Erde wird durch den Topf (aus welchem Material? wo gekauft? von wem bekommen?) und die festen Zutaten (wie geerntet? von wo bekommen? gekauft? gereinigt?)

vertreten. Die Luft wird hineingerührt, dann singst, flüsterst, sprichst, bläst du hinein. Mein ist das Lachen! spricht die Frau. Jetzt werden die Energien verwoben, vielleicht mußt du die Suppe oder den Zaubertrank betanzen, berasseln, betrommeln. Vielleicht mußt du über den Topf springen – ich weiß nicht, wie dein persönliches Rezept sein wird, du mußt es selbst herausfinden.

Zwei Dinge aber weiß ich: Sei achtsam, daß du diese Zaubersuppe oder den Zaubertrank nicht mit schlechter Laune, unmittelbar nach einer ekligen Begegnung, nach Erhalt des Steuerbescheids, nach der Entdeckung, daß dein/e Liebste/r dich betrügt zusammenbraust. Nichts Mächtiges würzt dann dein Gebräu. Nur Anspannung, Unklarheit. Wenn du anfängst, magisch zu kochen, solltest du ganz bei dir sein, deinen Körper gut spüren, deine Stimme freigeträllert, Energie in deine Hände geschüttelt und ein bißchen gelacht haben.

Vollende deinen Zaubertrank oder deine Zaubersuppe nicht. Wer die Vollkommenheit sucht, liegt haarscharf daneben. Unmittelbar vor der Vollendung entfaltet sich die größte Kraft.

Gute Medizin ist es, wenn du Wildkräuter einarbeitest und diese vielleicht mit einer Schere abschneiden kannst, die deiner Großmutter gehört. Der Kochlöffel hat auch mehr Power, wenn schon deine Oma damit gerührt hat. Holzlöffel sind besser als Metallkochbesteck.

Eine kunstvoll komponierte Zaubersuppe, ein mächtiger Zaubertrank mit kühlen (Minze, Melisse, Eisenkraut, Zucchiniblüten) oder heißen Energien (Zimt, Kardamon, Ingwer, Pfeffer) kann wie eine Schutzimpfung wirken.

Große Magie ist auch das Backen von Kraftkuchen oder Gebildbroten. Kraftkuchen sind alle Arten von Gewürzkuchen. Ich bin nicht die ideale Bäckerin, weshalb ich dir auch keine Rezepte gebe. Meinen eigenen Gewürzkuchen mit Nelken, Nüssen, Feigen, Birnen, Pfeffer, Kardamon, Zimt und Vanille kriege ich zwar gut hin, aber wenn ich einen wirksamen mächtigen Zauber werfen muß, werde ich ihn sicher nicht backen, obwohl diese Magie in den Händen der Expertin unschlagbar ist.

Gebildbrote sind die älteste Form von Votivgaben, von Heilzauber. Du ißt mit dem dargestellten Gebäck die Kraft des Symbols. Ich backe für meine Freundinnen gern Göttinnenplätzchen. Auch der Zopf ist eine alte Gebildbrotform: Hineingeflochten werden alle Energien, die Heilung und Glück bringen sollen. Die Semmel, das Brötchen (in Bayern das Milch-Eiweckerl) entstand ursprünglich aus einem Symbolgebäck für das weibliche Geschlecht.

Auch Orakel lassen sich mit Gebildbäckerein durchführen: Du kannst in Brötchen oder Göttinnenplätzchen kleine Backpergamentstreifen einbacken, auf denen eine Zahl steht. Vorher legst du fest, wie die Bedeutung der Zahlen ist. Du kannst dabei der Zahlensymbolik folgen, aber auch eigene Bedeutungen erfinden. Beim Orakel nehmen alle Beteiligten je ein Gebäck, brechen es auf und schauen nach, welche Zahl sie gezogen haben.

Nicht jede Frau wurde als Zauberin geboren, was nicht heißt, daß Zauberkraft nicht zu erwerben wäre. Wer zaubern lernen will, kann sich die alten Märchen zu Hilfe nehmen und daraus erfahren, wie das früher so gehandhabt wurde. Trennt man die Kultureinflüsse in den Märchen von den Grundaussagen, bleiben ein paar nützliche Hinweise auf die Erlangung von Zauberkraft, die ich hier einmal gesammelt wiedergeben will.

Magische Kräfte bekommst du

- von der toten Mutter, von ihrem Grab, auch von der Erde dort, durch Haselstrauch oder Rosenstock, die auf dem Grab wachsen, durch der Mutter Blut (drei Blutstropfen auf einem Tüchlein zum Beispiel) oder weil die Mutter eine Zauberin ist und dir Mittel mitgibt (eine Puppe, eine Schürze, eine Schere, einen Besen, ein Tuch, eine Tasche);
- durch das Essen magischer Pflanzen (z.B. Rapunzel, also Feld- oder Nüsslisalat, Johanniskraut an Sommersonnwende, Pilze, Gänsefingerkraut, Beifuß, Holunder), auch durch die Verwendung von magischen Kräutern wie Wacholder, Nießwurz, Tollkirsche, Kokablättern – die drei letzten sind giftig und werden am besten in homöopathischer Verdünnung verwendet);
- durch magische Nahrung wie Hirse oder Gerste, einen besonders magischen Kuchen oder Küchlein, eine Speise oder Suppe, in die magische Zutaten gegeben oder die von einer Zauberin gekocht wurden;

- durch weise Menschen in der Umgebung, zu denen eine in die Lehre geht, Kräuterfrauen, Hexen, Waldmännlein, Moosfrauen, wilde Frauen, Nachbarinnen – in die Lehre gehen, heißt übrigens nicht, ihnen auf den Geist gehen, sondern eher, wachsam sein, was sie so sagen und tun;
- indem du in die Unterwelt in die Lehre gehst: zu den Feen, zu den Ratten, zu einer Hexe, die Zugang zur Unterwelt hat, zu zauberischen Männlein, Erdgeistern, auch indem du das „Böse" genauer anschaust und nicht etwa den „Pakt mit dem Teufel" eingehst, der heute oft als Arbeitsvertrag oder als „günstiger Kaufvertrag" daherkommt;
- durch Spinnen in jeder Form;
- indem du auf Tiere hörst und wenn du sie nicht verstehst, dir diese Eigenschaft antrainierst (das Hören im ursprünglichsten Sinn ist hier gemeint, du kannst auch diese Tiere studieren, alles über sie erfahren und dann körperlich oder in Trance, im Traum, in deinen Tagträumen Kontakt aufnehmen);
- durch eine Wanderschaft, weit, lang, entbehrungsreich, auf die du allein gehst, ein offenes Ohr für Menschen hast, denen es schlecht geht oder die AußenseiterInnen sind; Mitgefühl ist überhaupt eine der wichtigsten Grundlagen für eine mächtige Zauberin (manche Zauberinnen verzichten gelegentlich darauf – nicht immer zu ihrem Vorteil); magische Wanderschaften taugen nicht viel, wenn du sie in Gesellschaft gehst, menschliche Kommunikation verhindert die universelle;
- durch ein offenes Herz, einen kühnen Sinn;
- durch In-der-Asche-wühlen – hier kommt dir sicher der Reichtum an mineralischen Stoffen in der Asche zugute, aber auch das Nicht-Tun und die Konfronta-

tion mit einem alchimistischen Transformationsprozeß; Asche gibt dir einen guten Überblick, was aus aller Materie einmal werden wird und daß es keine gute Idee ist, allzusehr an ihr zu hängen;

- wenn du dich verläufst und in die Irre gehst, denn das Verkehrte, das Umgedrehte, das Unbekannte, das Verirren sind oft der beste Einstieg in neue Erfahrungen;
- indem Harmonie mit Tieren und Pflanzen geübt wird und diese Wesen dadurch mitteilungsfreudiger werden (es gibt übrigens auch Tiere, die von Magie keine Ahnung haben);
- die ganze Nacht wachen und auf Zeichen achten ist auch ein guter Einstieg;
- im Spiegel, im Erdspiegel (polierter Onyx zum Beispiel) und in der Wasserfläche lesen, losen (das heißt soviel wie horchen); mit etwas Übung kommen auch Zeichen;
- manchmal kriegt eine magische Begegnungen geschenkt – und manch eine erkennt sie gar nicht: Dinge werden gefunden (und für zu gering gehalten, so daß sie oft liegenbleiben), Feen zeigen sich als arme alte Frauen oder Schaffnerinnen oder so; Federn, Haare, Kästchen mit Schätzen, Zettel mit Sprüchen, Knäuel, Zauberkugeln, Stäbe, Lampen, Töpfe mit Anweisungen, die am besten genau befolgt werden! – alles mögliche Magische liegt in der Welt herum und wird selten in seiner Zauberkraft erkannt;
- manchen Frauen erscheinen Zauberwesen im Schlaf, oder sie erringen durch Träume Zauberkraft.

1. Befreie dich vom Urteil deiner Eltern

Leider kommt es heute nur noch selten vor, daß ein Pudel deine im Wald verirrten Eltern für deren Befreiung aus der Wildnis zwingt, ihre Tochter zu opfern. Das hängt vielleicht damit zusammen, daß in Wäldern kaum noch wilde Pudel herumlaufen. Der letzte intelligente Pudel, dem ich eine solche magische Aktion noch zugetraut hätte, war der von Gertrude Stein und Alice Toklas namens Basket. Aber da in den Wäldern mehr wildgewordene Jäger als wilde Hunde ihr Unwesen treiben, mußt du die Trennung von den Wertvorstellungen deiner Eltern selbst schaffen.

Zur Erinnerung: In dem Märchen „Goldmariken und Goldfeder“ verirrten sich eben Goldmarikens Eltern und versprachen einem Pudel ihre Tochter. Das bedeutet, daß die Tochter mit Hilfe der Kräfte der Wildnis ihre Eltern vorläufig los wird, natürlich kehrt sie irgendwann, nach ihrer Initiation, auch wieder mal nach Hause zurück, aber sie ist nicht mehr dieselbe, und ihre Eltern haben keine Macht mehr über sie.

Warum ist es so wichtig, von den Wertvorstellungen der Eltern und ErzieherInnen unabhängig zu sein? Hörst du sie nicht schon liebevoll herablassend über deine magischen Experimente plaudern, ach ja, unsere Tochter, jetzt glaubt sie doch glatt, sie könne zaubern! Meine Mutter lächelt mich oft so liebevoll an, wie ich es bei Eltern von behinderten Kindern gesehen habe. Allerdings kommt sie in höchster Not schon mal daher und sagt:

Wenn du schon zaubern kannst, dann laß dir was einfallen, ich habe da ein Problem...

2. Vergiß genaue Anweisungen

Wie oft fragen mich Frauen: Wie geht denn das mit der Magie jetzt ganz genau, was muß ich tun, wie viele Gramm Wacholderblätter, wie viele Walnüsse und so weiter? Hier zwei Beispiele, warum das die falsche Annäherung ist, obwohl du vielleicht dennoch irgendwann da landest. Wenn ich einen Kuchen backe und gebe haargenau das hinein, was im Kochbuch steht, wird der Kuchen trotzdem nichts. Denn Kuchenbacken und ich, wir passen nicht zusammen. Die mathematische Genauigkeit hat es noch nie wirklich gebracht, weder beim Fahrplan noch beim Rezept noch beim Horoskop.

Ähnlich ist es mit Zimmerpflanzen. Ich kann mich noch so genau an die Anweisungen meiner Freundin mit dem grünen Daumen halten, ihre Pflanzen lachen den ganzen Tag, meine schmollen. Es gibt nur einen Weg aus diesem Dilemma: Finde deinen eigenen Zugang zu den Wesen des Universums. Was nützt es dir, wenn eine professionelle Hexe für rund zweihundert Mark behauptet, bei ihr funktioniert jeder Zauber, man müsse nur folgendes tun... Es gibt für jede nur einen Weg: den eigenen.

3. Laß dir helfen

Jetzt bist du reif für Unterstützung aller Art. Wenn du begriffen hast, daß du jede Information, jede Anweisung, jedes Rezept, jeden Rat umsetzen mußt in deine eigene universelle Sprache, kannst du Augen und Ohren aufmachen und dir etwas sagen und zeigen lassen. Geh am Vormittag um elf zur Felswand, da wird ein Adler kommen, gib ihm ein Stück Fleisch, und er wird dir helfen – könnte da ein Männlein zum Beispiel sagen, und es könnte sich decken mit deiner Lust, ins schweizerische Braunwald zu fahren und dort um elf Uhr tatsächlich dem Adler zu begegnen, vorausgesetzt, es ist Sonntag. Woher weiß ich, daß dieses Männlein ein zauberisches ist, und jenes ein blöder Schwätzer? Ich weiß es nicht. Ich bewege die Worte in meinem Herzen, und wenn von dort eine Antwort kommt, löse ich den Ratgeber vom Rat und gehe dem mal nach, nur so zum Spaß.

Goldmariken zum Beispiel ging in der Nacht, bevor der Pudel sie holte, zur alten Nachbarin. „Meine Tochter", sagte die Mutter, „was willst du wohl bei der alten Frau noch tun?" „Ich will und muß dahin", sagte Goldmariken, das schlaue Kind. Sie ging also hin, und als sie kam, sagte die Alte: „Fürchte dich nicht, mein Kind, ich will dich heute abend, wenn du diese Nacht bei mir schlafen willst, das Wünschen lehren, daran sollst du dein ganzes Leben denken, und das wird dir viel nützen." Gesagt, getan. Goldmariken war nicht auf den Kopf gefallen und dachte wohl auch an die alte Volksweisheit: Den Ihren gibt's die Frau im Schlaf. Sie gingen nun miteinander zu Bette, und als Goldmariken am anderen Morgen aufstand, konnte sie alles hervorzaubern, was sie wollte.

So ist das mit den Nächten bei den alten Frauen. Was für ein Unterschied zu Nächten in Ehebetten! Ich habe interessanterweise auch kein einziges Märchen von Europa über Asien bis Amerika gefunden, in dem der Ehemann der Frau das Zaubern beibringt. Umgekehrt schon eher. Laß dir helfen, heißt auch noch etwas anderes. Wenn du um Hilfe gebeten, Wohlstand gerufen, Göttinnen oder magische Wesen herbeigewünscht hast, dann fang nicht an zu zweifeln: Das steht mir nicht zu! Das ist zu egoistisch! Ich darf das nicht! wenn's klappt. Ein zweites Mal kommen die alle nämlich nicht, wenn sie dann wieder verscheucht werden. Die Hilfe, die eine braucht, kommt oft auf ungewöhnlichen Wegen, darum halte Augen und Ohren offen und stelle deine Sinne auf Empfang.

4. Stell deine Sinne auf Empfang, halt Augen und Ohren offen

Was pfeift der Vogel da? Was hat der Zettel am Boden zu bedeuten? Was sagt dir der Wind? Hat da nicht jemand „kuckuck" gesagt? Heißt das nicht etwa: Leg deinen Zauber in ein fremdes Nest und kümmere dich nicht mehr darum? Lerne Zeichen lesen, fasse dir ein Herz und deute diese Zeichen, wie du es für richtig hältst. Alles bemerken und alles deuten setzt aber auch voraus, daß du alles loslassen kannst. Geh spielerisch mit Botschaften um. Gib deinen Empfindungen Raum, selbst wenn sie dich gelegentlich mal täuschen sollten. Auch wissenschaftliche Experimente haben eine gewisse tolerierte Fehlerquote. Das Sinnlose hat oft eine eigenartige, verborgene Bedeutung.

Im Märchen „Der Reisekamerad" bezahlt der Held zwei Männern die Schulden, die ein Toter bei ihnen hatte, damit sie ihn in Frieden in seinem Grab ruhen lassen. Das ist scheinbar sinnlos, wer tot ist, spürt nichts mehr. Der junge Held aber hat das Gefühl, das sei überhaupt nicht sinnlos, er gibt sein letztes Geld. Dafür bekommt er eine Art Schutzengel, der ihm hilft, sein Glück zu machen. Solche „Gefühle" sind oft Kommunikation mit Nicht-Lebenden. Im Märchen von „Prinz Katt" hört der Prinz auf die Stimme, die ihm sagt: Alles scheint überstanden, aber hüte dich, heute nacht kommt ein noch schlimmeres Unheil. Vielleicht sagt dir der rauschende Bach, der wispernde Baum etwas, vielleicht ist es deine innere Stimme. Diesen Gefühlen nachzugehen, kann interessant werden. Oder verhängnisvoll: In den „Sieben Raben“ rennt ein Bruder nach dem anderen in die kleine Waldhausfalle, und am Ende kommt die Schwester auch noch dazu. Aber wenn diese Gefühle in eine gefährliche Situation führen, heißt das oft auch, daß eine Initiation darin steckt, daß du etwas lernst und mit neuem Wissen aus dieser Situation herauskommst. Fühlst du dich harten Prüfungen nicht gewachsen, folge einfach der Stimme der Vernunft, die vielleicht einen Kinobesuch statt einem Ritual allein im Wald vorschlägt. Da kannst du auch was erleben.

5. Hab Vertrauen! Traue niemand!
Wenn dir jemand sagt, „diese Brücke trägt dich“, und es gibt ohnehin keine andere Möglichkeit, dann hab Vertrauen. Bleib aber wachsam und reagiere schnell, wenn du merkst, daß dich die Brücke nicht trägt. Das bedeutet, daß du mit genügend Selbstvertrauen, das du dir schon zugestehen mußt, wenn du zaubern willst, auch Vertrauen zu anderen Wesen aufbaust, dabei aber mit allen Eventualitäten rechnest. Es gibt Wesen, die dich betrügen, anlügen, in Fallen locken. Andererseits gibt es überall Auswege für eine, die das Herz am rechten Fleck hat. Das Leben zu vermeiden, ist nicht die beste Idee, Gefahren aus dem Weg zu gehen. Besser ist es, die eigenen Kräfte und Fähigkeiten zu sammeln, die Augen offen zu halten, anderen so lange zu trauen, bis sich Mißtrauen einstellt oder sich erweist, daß es sich nicht lohnt. Die Grundenergie, auf der alle deine Kräfte ruhen, ist: Alles kann zu jeder Zeit schiefgehen. Wenn dir das klargeworden ist, bist du reif für die Magie. Alles ist in Bewegung, und in Bewegung läßt sich die Richtung leichter ändern als im Stillstand.

Nichts bleibt wie es ist, auch dein Zauber nicht. Hab zu allen Vertrauen – traue allen alles zu.

6. Trage deine Zaubersubstanzen bei dir

Es ist schon verführerisch, mit spektakulären Materialien umzugehen, aber die wirksamste Magie ist immer noch die, die du am Leib trägst. Die Macht der Blutstropfen lernen wir z.B. im Märchen von der „Gänsemagd“ kennen. Wer das Tüchlein mit den drei Blutstropfen der mächtigen Königin hat, besitzt auch deren Zauberkraft. Da ist es doch gut, wenn du dein eigenes Blut zur Verstärkung nutzen kannst. Oder deine Spucke, denn die ist ja wohl das mächtigste aller magischen Mittel. Du kannst nicht überall sein, aber du kannst praktisch überall hinspucken. Wo deine Spucke ist, bist du auch selbst. Deine Spucke übermittelt deine Anweisungen, deine Spucke informiert dich auch darüber, was an dem Ort passiert, wo die Spucke liegt. Zu deinen Zaubersubstanzen gehört auch die Wirksamkeit deiner Worte, der Einsatz von Hand und Fuß. Wie wir mittlerweile aus der Hirnforschung wissen, öffnen sich im Hirn Räume für die Teile des Körpers, die du regelmäßig bewegst, trainierst.

Deshalb ist es nicht unerheblich für die Macht deiner Gesten und deines Aufstampfens der Füße, wenn du mit Händen und Füßen so oft wie möglich spielst und damit Hirnkapazitäten trainierst.

7. Mach dich mit deinen Verbündeten bekannt

Freundschaften müssen gepflegt werden. Wenn du erst im Augenblick der Krise versuchst, Verbündete aus dem Boden zu stampfen oder zu dir zu rufen, kommt vielleicht keine Antwort. Eine Zauberin braucht Verbindungen, wie erfolgreiche Geschäftsleute das sogenannte Vitamin B, Beziehungen. Das Paradoxe daran ist, daß sie am beglückendsten sind und „funktionieren“, wenn sie nicht zweckgebunden entstehen. Du lebst mit deinen weisen

Frauen, mit deinen Tieren, mit deinen Kräutern und Steinen und Wurzeln, nicht weil du sie irgendwann benutzen willst, sondern weil du ihre Freundschaft genießt. Daß sie dir tatsächlich helfen, ist dann eher eine Nebenerscheinung einer engen Beziehung.

8. Schaffe einen magischen Raum

Richte dir irgendwo in deinem Zimmer oder deiner Wohnung einen Platz ein, egal wie groß, der die Erinnerung an deine Magie wachhält, der geschmückt, immer wieder von dir neu belebt wird. An diesen Platz solltest du nichts Nützliches, nichts Praktisches, nichts Alltägliches tun. Er gehört allein der Sammlung deiner magischen Kräfte. Kleine Altäre, Schreine, Idole, Geisterhäuschen, Gefäße eignen sich als Magneten der magischen Kraft. In vielen – vor allem afrikanischen – Kulturen begleiten kleine Zauberpuppen Kinder und später auch junge Zauberinnen. Die Puppen übernehmen die Beraterinnenrolle. Sie laden sich immer wieder mit Energie auf und können auch von dir selbst mit bestimmten Kräften bedacht werden. Wenn du einen materiellen Raum für eine Energie schaffst, wird sich die Energie auch einstellen. Autobahnen ziehen Autos an, Vogelhäuschen locken Vögel.

So ein magischer Ort in der materiellen Welt zeigt auch deine Würdigung der anderen Ebenen, deinen Respekt für die Wesen, die wir nicht sehen und vielleicht niemals kennen werden. Während sich unsere Kultur immer noch mit Kriegerdenkmälern zu erkennen gibt, ist der magische Ort, der Ahninnentopf, der Schrein, eine Erinnerung an die Substanz, an den Tanz, jenseits der Materie.

Auf Esoterikmessen und in einschlägigen Geschäften werden tausend Dinge angeboten, mit denen angeblich Magie bewirkt wird. Tatsächlich brauchst du eigentlich nur das, was dir angeboren ist: den (längeren) Atem, deine fünf Sinne, Hand und Fuß, ein starkes Rückgrat, eine selbstbewußte Stimme, dein altes Archiv im Stammhirn und im Rückenmark, deinen Bauchkessel und Mutterwitz. Die beherzte Zauberin hat, was sie braucht, stets bei sich.

Die Füße stampfen auf den Boden, geben deine Identität durch, verbinden sich mit der Kraft der Erde, die Hände zeigen, locken, rufen, wehren ab. Die Handflächen waren einmal das mächtigste Mittel der Frauen. Aus ihnen und den Fingerspitzen ließen sie ihre Kraft nach außen fließen, heilten, besänftigten, bestrahlten. Die Kraft, die nachfließt, solange du lebst, wird im Bauchkessel gesammelt, geschaukelt, bewegt, aufgebaut. Von dort strömt sie durch alle Organe, Körperteile, Zellen. Haare, Nägel, Hautteilchen sind erfüllt mit der Energie der Person, von der sie stammen. Für Zauberinnen sind sie Repräsentanten dieser Person. Sie werden als Verlängerung des Willens der Zauberin verwendet. Die Stimme betört, erschreckt, besänftigt, ruft, führt in die Traumzeit. Bist du deiner Stimme mächtig, sparst du viel Körperkraft.

Imagination der magischen Substanz

Leg dich auf den Rücken, eine kleine Rolle unter den Knien und ein gerolltes Handtuch unter den Nacken, entspanne dich. Die Arme liegen seitlich am Körper, die Füße läßt du leicht nach außen fallen. Stell dir jetzt vor, daß mit jedem Einatmen deine magische Substanz in deinen Bauch strömt. Du kannst sie dir vorstellen, wie du willst, vielleicht als Flüssigkeit oder als farbiges Licht. Wähle eine Farbe, die deine Kraft stärkt.

Jetzt läßt du sie mit dem nächsten Ausatmen durch deinen Körper nach oben fließen, durch Brüste und Lungen in die Kehle und in den Mundraum. Laß sie nach außen strömen. Sie bewirkt die Macht deiner Worte und das wahre Sagen. Atme ruhig weiter, und beim nächsten Ausatmen lenkst du deine magische Substanz durch den Körper in die Schultern, in die Arme und durch die Hände und Handflächen nach außen. Hier bewirkt sie die Macht deiner Gesten, daß dir gelingt, was du anpackst.

Atme ruhig weiter. Mit dem nächsten Ausatmen läßt du die magische Substanz durch deinen Bauch in die Vagina und nach außen strömen. Hier gibt sie dir eigenmächtige Lust. Atme ruhig weiter, und mit dem nächsten Ausatmen laß sie nach unten in deine Beine, deine Füße und durch die Fußsohlen nach außen fließen. Hier gibt sie dir sehende Füße, einen festen Stand, Widerstandskraft. Atme ruhig weiter, und mit dem nächsten Ausatmen laß deine magische Substanz durch deine Wirbelsäule nach oben steigen. Nimm wahr, wie sie den Hauptstrang deiner Nerven, dein altes Archiv umhüllt. Laß sie durch den Nacken in dein Gehirn aufsteigen und durch den Scheitel und die Augen nach außen strömen. Hier gibt sie dir das helle Sehen, den klaren, unbestechlichen Blick. Atme ruhig weiter, und mit dem nächsten Ausatmen laß deine magische Substanz in deinen ganzen Körper, in alle Zellen und nach außen strömen. Spür die heilende, wohltuende Wirkung deiner magischen Substanz, atme sie überall hin, genieße die heilende Kraft deiner magischen Substanz. Beende die Imagination, indem du die magische Substanz im Bewußtsein verblassen läßt, daß du sie jederzeit aktivieren kannst. Dann bewege deine Finger, deine Zehen, streck deine Arme und Beine, dehne den ganzen Körper, summe tiefe, wohltuende Töne. Zieh die Knie zum Körper und laß dich schaukeln, den Rücken fest am Boden. Dann roll dich über die rechte Seite zum Sitzen. Laß dir Zeit mit dem Aufstehen.

Unsere Ahninnen waren erstaunlich gut informiert. Obwohl es weder Röntgengeräte noch Knochendichtemessungen noch Ultraschalluntersuchungen gab, kannten sie die wesentlichen Zusammenhänge im Körper und zwischen Körper und Umwelt. Spiralen sind die ersten Kultsymbole, spiralig drehen sich die Flüssigkeiten im Körper, spiralig strömt der Atem ein und aus, spiralig atmet auch die Erde, das Universum.

Die DNS-Spirale mit der Erbinformation in jeder Zelle enthält 64 Bausteine, 64 I-Ging Zeichen beschreiben das Zusammenspiel der wesentlichen Kräfte im Körper. Das Räuchern in magischen Ritualen hilft nicht nur, sich mit Geistwesen zu verbinden, es reinigt und desinfiziert auch sanfter und wirkungsvoller als Desinfektionsmittel heute. So wird in einem Räucherritual der Raum gereinigt, aber auch der Körper, der den Rauch einatmet.

Ich habe die Erfahrung gemacht, daß paradoxerweise Rosmarin- und Salbeirauch bei Husten und Verschleimung sehr gut hilft, obwohl es nicht gerade angesagt scheint, bei Atemwegsproblemen auch noch Rauch einzuatmen, aber die ätherischen Öle, die dabei frei werden, haben eine besänftigende Wirkung auf die Lungen.

Ähnlich ist die Wirkung von Asche, Lehm und Kohle

auf die Haut. In magischen Tänzen, in denen Frauen sich mit Erde und Naturmaterialien bemalen, wird zu der optischen Wirkung noch eine praktische, heilende erzielt. Die Bemalung, die uns aus dem Alltag und dem alltäglichen Aussehen zieht, uns symbolisch mit der Natur verbindet, verbündet uns auch mit den Heilstoffen der Natur.

Besonders spannend ist die Wirkung von Stampfen und Brr-Lauten. In alten Frühlingsritualen des Alpenraums war der Brr-Laut Teil des Frühlingsrufens. Brr sollte die aufsteigende neue Kraft rufen, die Fruchtbarkeit anregen. Brr bringt aber auch den Schädel und die Halswirbelsäule in Schwingung. Brr-Laute bewirken, daß eine leichte Vibration den Kopf, das Hirn massiert und Kraft freisetzt.

Brr ist auch ein Heillaut. Du kannst auch die Lippen leicht aufeinandervibrieren lassen, so wie kleine Kinder, die Motorengeräusch imitieren. Das massiert den Kopf, die Knochen und zusätzlich auch noch die Lippen, die davon weich und schön und durchblutet werden.

Stampfen hat auf die Knochen und die Wirbelsäule eine ähnliche Wirkung. Während das Stampfen die Geister, die Ahninnen und Ahnen, die göttlichen Wesen, die Naturwesen ruft, während du dich so der Natur und allen Wesen zu erkennen gibst, belebst du dein Knochenskelett, bringst die Knochensubstanz zum Schwingen und regst alle Knochen damit zur Callusbildung an. Stampfen durchblutet, vibriert, massiert die Knochen und regt sie zu neuem Wachstum an.

Noch viel mehr bewirkt ein magischer Tanz, in dem du mit deinen Händen, deinen Armen, deinen Füßen, deinen Schultern, deinen Hüften lockst, drehst, schiebst, stößt, zu dir holst, von dir wegschiebst, rufst, bannst, bindest, löst – die Bewegungen deiner Füße und Hände, deiner Finger und Handflächen der beiden Hände bewirken eine kreisende Bewegung auch im Hirn. Es geschieht im Alltag sehr selten, daß die linke Hand das tut oder nachvollzieht, was die rechte tut. In magischen Tänzen werden beide Seiten des Körpers gleich eingesetzt.

Indische, balinesische oder afrikanische Tänze zeigen, wie ausgefeilt und fein all diese Bewegungen auf die Anregung des Körpers, des Hirns, des Traumkörpers abgestimmt sind. Tanzend bereitest du den Körper auf neue Erfahrungen vor, öffnest du deine tieferen Schichten, webst du deinen Traumkörper, dabei profitieren Haut, Knochen, Muskeln, Nerven und Organe.

Ein anderes Wunder sind die Töne. Der Gesang in einem Ritual ist nicht nur notwendig, um auf angenehme Weise Kontakt zu Geistwesen aufzunehmen (es soll auch Zauberer geben, die herumschreien und befehlen, aber was es bringt, sehen wir ja!). Singen und Summen stimuliert auch alle Zellen im Körper und regt ihn an, Stockungen aufzulösen, alles ins Fließen zu bringen.

Klänge heilen Knochen, Klänge bewirken, daß Fasern wieder zusammenwachsen. Gesang vibriert in die Lungen, in die Organe, regt sie an, schüttelt sie, weckt sie, macht sie frei ganz ohne harten Zugriff. Das Summen von Vokalen schwingt im Körper vom Kopf (i) zum Hals und Nacken (e) über den Brustraum und den Bauch (a, u) bis zum Beckenboden (o). Deshalb kann jeder Gesang mit Phantasieworten noch so verrückt sein – er wird immer mit der heilenden Kraft der gesungenen Vokale auf den Körper wirken. Ich denke, daß die Namen der Göttinnen und Geister, der magischen Worte und Mantren nach ihrer Wirkung der Vokale auf den Organismus gewählt wurden.

Imaginationen in der magischen Arbeit sind einerseits die notwendige Basis für die Materialisierung von Wünschen und Bildern, andererseits ist die Imaginationsarbeit vielleicht die mächtigste Kraft, die auf den Körper einwirkt. Imaginationen bei geschlossenen Augen stärken die Sehkraft, die Bewegung der geschlossenen Augen in der aktiven Imagination hilft die abgestorbenen kleinen Partikelchen der Netzhaut abtragen und aus den Augen transportieren (der „Sand" in den Augenwinkeln). Imaginationen öffnen alle Sinne.

Wenn du Gerüche, Geräusche, Bilder, Berührungen oder Geschmack in deiner Phantasie aufbaust und fühlen lernst, trainierst du zugleich deine Körpersinne, sie werden wacher, feiner, nehmen mehr wahr, öffnen sich auf nie gekannte Art. Zudem können Imaginationen Verspannungen und Verknotungen im Körper auflösen.

Es gibt ja das Phänomen, daß Kinder, wenn sie Werbung für Schokolade sehen, in einen Unterzuckerzustand geraten, weil sie sich mit Bildung von Insulin auf das Essen von Schokolade vorbereiten. Da ist die Wirkung von Imagination auf die körperliche Materialisierungsebene längst nachgewiesen. Ebenso mit Zitrone: Tropfst du Zitrone in deinen Mund, während vor dir ein Bläser sein Instrument spielt, wird er soviel Spucke produzieren, daß er kaum weiterspielen kann. Obwohl er die Zitrone nicht schmeckt, reicht der Anblick, die Imagination, um die Wirkung auszulösen.

Es gibt viele Beispiele für die Macht von Imaginationen und wie sie zur Unterdrückung und Kontrolle von Menschen eingesetzt werden. Entscheidend ist, daß Imaginationen auch in die andere Richtung wirken: Sie können heilen, verkrampfte Muskeln lösen, Wucherungen stoppen, Heiterkeit auslösen und natürlich materielle Zustände verändern. Wenn du gut imaginieren kannst, spürst du nicht nur einen positiven Effekt im Körper, sondern veränderst auch die Realität.

Imaginationen, die nicht mehr durch Zweifel, durch Ungeduld (das wird doch eh nichts), durch Selbstzensur (sowas kann ich nicht) geschwächt werden, sind die wertvollsten Heilmittel, die wir haben, noch dazu tragen wir sie ständig bei uns, können sie jederzeit aktivieren, und sie haben kein Verfallsdatum.

Ritualtänze im Mondlicht mit Körperbemalung, Tanz, Gesang, Rasseln, Trommeln, Stampfen und Lachen sind abgesehen von den Inhalten, die sie transportieren die vollkommensten Heilprozesse, die wir uns geben können. Während der Körper sich öffnet, alle Poren freimacht, die Augen das Mondlicht trinken, der Atem wild durch alle Zellen fließt, das Lachen und der Gesang alle Organe, Muskeln, Knochen und Haut massieren, die Füße der Erde und ihren wertvollen Stoffen begegnen, der Schweiß alte Partikel aus dem Körper trägt, tanzen auch unsere Hormone und gesellen sich zu einem neuen Gleichgewicht zusammen: Serotonine und Melatonine für das Träumen, die Heiterkeit, die Phantasie, die Imaginationen, Endorphine für die vollkommene Glückseligkeit und Tausende andere Stoffe, die aufwachen, mittanzen, ihren Teil dazu beitragen, daß wir heil und ganz werden.

Und ganz nebenbei, während wir uns regenerieren und uns selbst wieder zur Welt bringen, transportieren wir unsere Magie, weben sie, tanzen sie, lassen sie in die Welt fließen, atmen sie in die Wolken, in die Sterne.

III. Traumgezeiten

Da ist keine Tür

Eigentlich schade, daß wir den größten Teil unserer wertvollen Lebenskraft damit vergeuden, unsere andressierten Kunststückchen vorzuführen und alles zu verdrängen, von dem uns in der Schule, in der Uni und sonstwo gesagt wurde, daß es das nicht geben darf, also auch nicht gibt. Wenn wir nicht dauernd damit beschäftigt wären, uns die Endlosschleife „das gibt's aber nicht“ vorzuspielen, wäre das Universum ein einziger Abenteuerspielplatz. Irgend jemand hat da ein paar Spielgeräte aufgestellt, die zwar nicht gerade genial sind, uns aber beschäftigt halten. Rasen betreten verboten. Das Karussell in die entgegengesetzte Richtung drehen verboten.

Zwanzig Jahre etwa vergehen, bis uns die Spielregeln für diesen beschränkten kleinen Platz eingebleut sind, aber danach sind die meisten von uns auf Linie getrimmt. Wieviel ist zwei und zwei? Vier! Wie spät ist es? Fünf vor zwölf. Brav. Der Verstand kontrolliert die Emotionen! Welcher Verstand? Gibt es intelligentes Leben auf diesem Planeten? Intelligentes Leben gibt es überall, aber nirgends wird es so hartnäckig verhindert wie auf der Erde.

Zeit vergeht nicht, sie wird geträumt

Wenn es die Zeit nicht gibt, wie uns neuerdings die Physiker erzählen, wozu wurde sie dann überhaupt erfunden? Vielleicht für Uhrenhersteller? Oder hat man die Zeit irgendwann eingeführt, damit Menschen besser kontrolliert werden können? Damit wir so etwas wie einen Vierzehn-Stunden-Arbeitstag haben und für einen Acht-Stunden-Tag kämpfen konnten?

Mit der Zeit habe ich beunruhigende Erfahrungen gemacht. Einerseits scheint die allgemeine Zeit mehr und mehr zu rasen, alles scheint schneller zu gehen, der Fluß der Zeit ist reißender geworden. Andererseits scheinen sich die Zeitinseln, die Hohlräume der individuellen Zeit, die jeder Mensch kennt, auszudehnen. So kann es zu dem Phänomen kommen, daß ich einerseits in einer Trance oder bei einem gemeinsamen Abendessen, im Austausch mit einer Freundin oder im Spinnen von neuen Ideen endlos Zeit habe, aber wenn ich dann wieder in dem allgemeinen Fluß der Zeit auftauche, merke ich, daß die Normalzeit unverhältnismäßig schnell vergangen ist. Fast ist es, als sinke ich in Feenhügel, in Traumzeiten, ja, in Traumgezeiten, in diesen Rhythmus der nicht kontrollierten Ebenen, in andere Welten ein, wo es Zeit nicht gibt, wo die Zeit vorwärts, rückwärts, rund und weit kreiselt, wenn ich aber wieder in die Kalenderzeit eintrete, frage ich mich bestürzt: Wo sind die ersten drei Monate dieses Jahres eigentlich geblieben?

Wenn ich mit aller Macht, in aller Hast einen Zug erwischen will, kann ich sicher sein, daß ich ihn verpasse. Wenn ich aber mein Einsteigen in den Zug visualisiere, die Zeit einfach dehne, mich ruhig auf den Weg mache, erwische ich den Zug immer. Laufe ich, läuft die Zeit vor mir her oder auch mal hinter mir und hetzt mich. Gehe ich gemächlich, bleibt die Zeit bei mir. Die Zeit ist neugierig. Sie will wissen, was du tust. Sie bleibt bei dir. Sie dehnt sich für dich, sie verdichtet sich. Sie bildet Räume, sie macht lange, schmale Rennstrecken für Terminplaner, sie spielt jedes Spiel mit. Bis in den Tod. Der Herzinfarkt ist eine reine Zeitkrankheit, Todesursache: keine Zeit.

Jeder Mensch kennt das Phänomen, daß die Zeit genau das tut, was sie nicht soll. Soll sie vergehen, bitte!, vergeht sie überhaupt nicht. Eine Minute wird zur Qual, zum endlosen Raum ohne Hoffnung. Soll sie nicht vergehen, rast sie, überschlägt sich, reißt alles mit sich fort. In schwarzen Löchern stellt sie alle Berechnungen auf den Kopf, sie spaghettifiziert alles, wie Stephen Hawking das mal formulierte. Alles wird lang und dünn und kommt am Ende ganz am Anfang wieder raus. Sagt er. Ich sage, die Zeit, einmal erfunden, will vor allem mit der eigenen Energie spielen. Spielt jemand mit, gut. Wenn nicht, dann spielt die Zeit eben allein. Mal im Kalender, mal im Terminplan, mal ganz ohne Hilfsmittel.

Um die Zeit zu verstehen, mußt du sie rufen. Das ist gar nicht absurd. So viele Menschen rufen Gott, den es ja auch nicht gibt. Rufe ruhig die Zeit, die es nicht gibt und die doch viel älter ist als du selbst. Sie spielt nämlich schon viel länger mit der Materie, als wir alle Materie überhaupt kennen.

Du mußt mir das nicht glauben, du kannst es einfach ausprobieren. Beobachte die Zeit, schleich dich an, dehn sie aus, zieh sie zusammen, miß sie, miß sie nicht. Nimm das Universum deiner Traumzeit im Gegensatz zu deiner Alltagszeit wahr. Wo in deinem Leben ist Zeit endlos? Wo wird sie knapp? Die Zeit reicht nicht. Wir haben nicht mehr genug Zeit! Wofür? Was willst du denn tun? Zeit ist kostbar? Zeit ist begrenzt? Das stimmt nur auf einer Ebene, nämlich auf der Ebene der Arbeit, der Überzeugungen, der dringlichen Angelegenheiten, des körperlichen Lebens. Aber diese Ebene ist selbst in einem Menschenleben nicht genug.

Je gesünder die Wirtschaft, desto höher das Tempo, titelte neulich die Süddeutsche Zeitung, Zeitung, auch so ein Wort, was passiert eigentlich darin mit der Zeit? Wie kann Zeit Luxus sein, „Mangelware", sie ist doch ein Fluß, genau wie Geld, beide lassen sich nicht halten. Hast du schon einmal versucht, Zeit oder Geld zu sparen? Dann weißt du, daß das irgendwie nicht geht. Du sparst hier und verlierst dort wieder, ein endloser Kreislauf. Das allseits bekannte Hamsterrad, das verhindern soll, daß du herausfindest, wer Zeit und Geld kontrolliert und wie du aus dieser Kontrolle ausbrechen kannst.

In erfolgreichen, „zivilisierten" Ländern läuft die Zeit schneller. Die Menschen haben keine Zeit. In „Entwicklungsländern" haben sie Zeit, und Zeit ist bekanntlich der größte Luxus. Trotzdem wollen wir den Menschen dort das Kostbarste wegnehmen? Wie kommt es, daß Menschen, die schnelle Technologien nutzen wie Autos, Flugzeuge, Computer, elektrische, elektronische Geräte zur „Arbeitserleichterung", weniger Zeit haben als Menschen, die von „Zeit sparen" noch nie gehört haben?

Meine Mutter hatte vor einiger Zeit einen Schlaganfall. Obwohl ich das Gefühl hatte, „keine Zeit" zu haben, entschloß ich mich, die Zeit mit meiner Mutter zu verbringen, weil sie mir wichtiger ist als alle Termine. Und seltsam: Ich hatte genug Zeit für sie, für mich, sogar für Termine. Aber es wird eher akzeptiert, wenn ich mit der Begründung „keine Zeit" absage, als wenn ich sage, daß ich mir Zeit lassen will. Wer Zeit hat, ist suspekt. Zeit haben nur Verrückte, Menschen, die etwas in ihrem Leben verrückt haben, zum Beispiel ihr Verhältnis zur Lebenszeit, Zeit haben Abgestürzte, aus der Zivilisation Gefallene, Kriminelle. Wie sonst könnten sie das haben, was alle normalen Menschen nicht haben?

Verkappte Zeitbegriffe: in, out, im Trend, ein Vaterunser lang, ein Ave Maria lang, die Wies'n (vierzehn Tage), Ramadan (dreißig Tage), auf ein Bier, Schlaghosen und Hippieklamotten. Wir alle wissen, welche Zeiten damit angedeutet sind. Atomzeitalter. Steinzeit! Aber wer weiß schon, mit welcher Zeit Steine umgehen? Die Unterschiedlichkeit von Zeitdimensionen zu verstehen, zu verbinden, kann für Kommunikation notwendig sein.

Wegangaben in Zeit sind schwierig, weshalb die Menschen im Himalaya auch sagen: für Sherpa bis zum Mittagessen, für Fremde bis zum Abendessen. Zeit braucht die Relation, wer lebt wie schnell? Auf dem Münchner Marienplatz sah ich einen Behinderten mit Krücken gehen, Kinder rannten an ihm vorbei. Wie unterschiedlich ihre Zeitwahrnehmung sein muß. Dem Behinderten schlägt keine Stunde. Nein, wie hieß das noch? Den Glücklichen schlägt keine Stunde? Eben. Glück dehnt die Zeit. Soll sie doch ebenso fließen wie ich selbst gerade!

Obwohl die Zeit eigentlich nicht wirklich existiert oder nur in einem Nutzbarkeitskonzept, obwohl ein Computer nur mit virtueller Realität spielt, kann die Unfähigkeit eines Rechners, vier Ziffern zu lesen oder zu schreiben, die Zeit auslöschen, Lebenszeit vielleicht, gar nicht mehr virtuell – wenn wir die virtuelle Realität in die physische transformieren, wenn sie für uns gilt. Und tut sie das nicht schon lange? Wieso gibt es dann Menschen, die außerhalb dieser Realität, außerhalb des Zeitkorsetts, leben, lachen, weinen, sterben?

Auszeit – Sabbatical, benannt nach dem jüdischen Sabbat, dem Feiertag, an dem nicht gearbeitet wird, aber jetzt ist aus dem Tag ein Jahr geworden, nach Jahr und Tag gehen wir also wieder an die Arbeit, in die Bürozeit, Arbeitszeit. Mens – Monat, Menstruation, eine subtilere Zeitrechnung, nie ganz regelmäßig. Mit der Pille wurde diese kleine unerträgliche Unregelmäßigkeit beseitigt. Trägst du eine Uhr am Puls, suggeriert die Uhr dem Puls, daß er nicht ganz auf der Höhe der Zeit ist. Sekunde für Sekunde wird jetzt der tanzende Herzschlag guillotiniert. „You have the watches – we have the time“, sagte ein afrikanischer Freund.

Und was ist eigentlich mit dem Millenium, einem alten Volksglauben, der zur Zeit wieder Konjunktur hat? Was wissen wir schon von der Manipulation der Zeit im frühen Mittelalter? Zeitperioden wurden erfunden, um den Raub von weltlichen Gütern durch die Kirche zu rechtfertigen. Das ist kein wirkliches Zeitproblem. Eher ein Problem der Zeitmessung. Schnell fügt man hundert Jahre hier, zweihundert Jahre dort in einen Kalender, der für die Menschen sowieso nie Bedeutung hatte, ja nicht einmal von ihnen wahrgenommen wurde. In dieser Zeit wurden Schenkungsverträge abgeschlossen, nachträglich, versteht sich. Wer soll das heute noch entwirren? Das jedenfalls behauptet irgendso ein Tüftler aus Gauting bei München. Wenn die Zeit manipuliert wurde, wenn wir dem Kalender nicht trauen können, worauf sollen wir uns verlassen? Wie wär's mit dem Herzschlag? Solange das Herz tanzt, ist es gesund, es tanzt mit der Zeit, es gibt sich der Unwägbarkeit, dem Zwiefachen, dem Ländler, dem Walzer hin. Wenn es anfängt zu marschieren, stehen wir kurz vor dem Tod. Wenn Soldaten marschieren, ist es ähnlich. 25 Milliarden Dollar, auch ein Zeitbegriff, den ich heute las. Jeder Kriegstag der Nato gegen Jugoslawien kostet eine Milliarde Dollar. Zeit ist Geld. Wer zahlt's? Wir. Mit unserer Lebenszeit. Aber schnell.

Der eigene Raum scheint der Raum zu sein, den der Körper einnimmt. Das täuscht. Viele Frauen machen sich so klein, daß sie nicht einmal den Raum einnehmen, den sie körperlich nötig haben. Frauen haben traditionell in der weißen männlich bestimmten Zivilisation keinen eigenständigen Raum. Der Raum, den sie einnehmen, wurde von Männern abgesteckt, definiert, zugeteilt und wieder beschnitten. Da wir alle von Müttern erzogen wurden, deren Raum ebenso beschränkt wurde, kommt es selten vor, daß Mütter ihren Töchtern das Wissen um den eigenen Raum mitgeben können.

Raumbegrenzungen:
Rede nicht soviel.
Schau nicht so frech.
Nimm dir nicht so viel raus.
Sei nicht so laut.
Sei nicht so wild.
Gib nicht so an.
Spinn doch nicht so.
Sei vernünftig.
Halt den Mund.
Davon verstehst du nichts.
Da kannst du nicht mitreden.
Du blamierst dich ja nur.

Der Atemraum wird eng, wenn wir Angst haben. Der Körperraum in seiner äußeren Begrenzung (also die Haut, die Extremitäten) wird kalt und leblos, wenn wir unter Schock stehen und Angst haben.

Einschränkungen des Raums:
Erwartungen
Verpflichtungen

Erpressungen
Hoffnungen
Ungestillte Sehnsucht
Sucht – ewige Suche
Schuldgefühle
Angst

Wer diese Gefühle in uns schürt, bestimmt unseren Raum, teilt uns den Raum zu.

In Ermangelung von tragbaren Wahrheiten fallen wir auf Spiegelungen herein. Sie fressen den Hauptanteil unserer Energie. Wir brauchen unheimlich viel Kraft, um uns mit dem zu beschäftigen, was scheinbar Realität ist, um das zu bekämpfen, was scheinbar unser Problem ist. Weil wir nicht selbstverständlich einen Raum zugestanden bekommen, nicht einmal mehr den der mächtigen Mutter, die verehrt werden muß, fehlen uns auch weitgehend die Mittel, den eigenen Raum, wenn wir ihn einnehmen wollen, zu definieren. Wir wissen nicht mehr, was wir damit anfangen sollen. Als Kinder mußten wir gehorchen, als junge Frauen Männer auf uns aufmerksam machen. Wir wurden abgerichtet, anderen zuzuarbeiten, Energie abzuliefern, Männer zu unterstützen (die „Perle"! die „rechte Hand"!), schwache und kranke Menschen zu pflegen – immer in Verbindung mit anderen, zum Nutzen anderer, nie eigenmächtig.

Wir werden des eigenen Urteils unsicher, trauen uns Entscheidungen nicht zu, überlegen hin und her, in der Angst, Fehler zu machen, denn Fehler gelten als das Schlimmste in einer Gesellschaft, die nur Sieger und Versager kennt – und Frauen, die beide versorgen.

Den eigenen Raum einnehmen – das fängt mit falschen Entscheidungen, mit Fehlern, Fehleinschätzungen, Übertreibungen an. Und: damit, sich selbst zu verzeihen. Erst wenn ich mir alles verzeihen kann, fange ich an, meinen Raum bedingungslos einzunehmen.

Um den magischen Raum entdecken zu können, muß ich meinen Raum in der Welt zumindest spüren, ahnen können. Wenn ich nie nein sagen kann, wenn ich niemanden abwehren kann, wenn meine Entscheidungen immer unklar und verschwommen bleiben, weil ich immer Angst davor habe, das Falsche zu tun, wird der Umgang mit Energie-Wesen noch schwieriger. Den eigenen Raum einnehmen bedeutet: Ich bin da. Nicht: Ich bin da, aber ich brauche gar nicht viel Platz. Nicht: Ist es auch wirklich recht, daß ich da bin? Nicht: Eigentlich steht mir ein ganz anderer Platz zu. Ich bin da.

Opfer zu sein hat eine gewisse Faszination. Du bist nicht verantwortlich. Du kannst alles, was geschieht, auf andere abwälzen. Obwohl du Schmerzen erleidest, körperlich oder seelisch, weißt du doch, daß du die „Schuld“ dafür klar zuweisen kannst. Du ziehst dich raus. Dein Raum verschwindet. Sich in die Opferposition zu begeben, kann im Umgang mit Energie, mit Magie sehr gefährlich werden. Über der Koketterie mit der eigenen Ohnmacht kannst du den Verstand verlieren.

Die Realität der Welt, in der wir leben, gleicht einem Spiegel-Labyrinth. Menschen, die mehr Raum einnehmen, die selbstbewußt und mächtig sind, überzeugen uns von ihrer Sicht der Realität. Das heißt, sie stellen Spiegel auf, die uns die Wirklichkeit auf ihre Weise spiegeln oder verzerren sollen. Wie soll eine in all diesen Spiegelungen einen Weg finden? Im Spiegellabyrinth auf dem Münchner Oktoberfest ist die Lösung, daß du auf deine Füße schaust. Du betrachtest den Boden, auf dem du stehst, die Spuren, die andere hinterlassen haben. Indem du zu deinen Füßen zurückkehrst, die Welt der Spiegelungen ignorierst, findest du den Weg. Und indem du dich nicht mehr auf die Spiegelungen einläßt, öffnet sich dir der Weg in die Freiheit. Ich könnte auch sagen: Indem du deinen Raum einnimmst, fest auf dem Boden stehst und deine Füße im Kontakt mit der Erde die Führung übernehmen, wird auch dein Denken klar.

Fliegen knallen oft gegen Fensterglas, weil sie sich vom Licht täuschen lassen und es für die Freiheit halten. Sie gehen nicht nach dem Luftzug, der viel genauer wäre. Sie nehmen den vorherrschenden Eindruck des Lichts für absolute Wahrheit. Und sie sterben an ihrem Irrtum. Was unterscheidet uns von Fliegen? Daß wir den Schmerz, der entsteht, wenn wir gegen die Scheibe knallen, für eine notwendige Zutat auf dem Weg in die Freiheit halten. Wir surren genauso orientierungslos herum, knallen auf Hindernisse und meinen, der Schmerz ist ein untrüglicher Wegweiser zur Wahrheit. Wenn wir entzückt, gelassen, völlig entspannt sind, glauben wir, das sei zu leicht, so leicht dürfe eine es sich nicht machen.

Und weil wir schon bei Tieren sind: Ameisen, die uns oft als fleißige Tiere präsentiert werden, an denen wir uns ein Beispiel nehmen sollen, sind nur scheinbar überaktiv. Als man Ameisen kleine Sender anbrachte, stellte sich heraus, daß sie nur etwa ein Zehntel ihres Tages arbeiten, den Rest der Zeit schlafen sie. Da wir Ameisen nicht unterscheiden können, gelten sie uns als aktiv und fleißig. Die schlafenden Ameisen sehen wir nicht. Sogar unsere Vorbilder sind irgendwie schief.

Der eigene Raum atmet, er dehnt sich, zieht sich zusammen, wird löchrig, fest, undurchdringlich, je nach der Energie, die auf ihn einwirkt. Es ist lebensnotwendig zu wissen, welche Energien den eigenen Raum auf welche Art verändern. Familienmitglieder können den gewonnenen Raum oft mit einem Satz zerstören. LiebespartnerInnen oder Kinder, also Menschen, die dich gut kennen, die deine Schwächen, deine Ungereimtheiten und Inkonsequenzen durchschauen, können mit einem Wort Schutzhüllen durchbrechen, den Raum zerlegen.

Ich erhielt einmal einen Anruf von einem befreundeten Ehepaar, das ich lange nicht gesehen hatte. Sie wollten vorbeikommen, und ich sagte zu. Als ich den Hörer auflegte, seufzte ich: Ich weiß ja gar nicht, was ich mit denen reden soll. Meine Tochter Walli hörte das. Als die beiden kamen und wir uns wirklich gut unterhielten, sagte sie: Jetzt weißt du ja doch, was du mit denen reden sollst. Wie mit einem scharfen Knall platzte meine Schutzhülle. Ich entschied mich, dazu zu stehen, und erzählte von meinen Zweifeln. Ich machte mich angreifbar, durchlässig und verzieh mir die Situation, machte mir keine Vorwürfe.

Geheimnisse hüten zu müssen, ist eine große Last. Keine Geheimnisse haben zu müssen, auch zu den peinlichsten Sachen stehen zu können, erweitert den Raum, macht ihn luftig und leicht.

In der magischen Arbeit wird nicht das Behauptete, das Geschwindelte, die gesellschaftliche Anpassung, sondern die wahre Empfindung dahinter zur treibenden Kraft. Deshalb ist es wichtig, diese treibenden Kräfte zu kennen, die den eigenen Raum verändern.

Der eigene Raum ist nur durch das eigene Einverständnis und eigenes Zutun zu knacken. Du kannst dich nicht schützen, wenn du heimlich schon alles eingelassen hast. Es ist sinnlos, Schilde zu bauen, wenn dein Problem ist, daß du die Hintertür aufmachst – aus sexueller Abhängigkeit oder weil du geliebt werden willst. Wie willst du dich mit einer Freundin verbünden, um deinen Raum zu schützen, wenn du ihr absagst, weil dein Liebhaber mal Zeit hat oder dein Mann heute abend zu Hause ist. Die Romantisierung der heterosexuellen Beziehung, die so übrigens nur im westeuropäisch beeinflußten weißen Kulturraum vorkommt, hat mehr als alles andere den weiblichen Raum gefährdet oder gar zerstört.

Um den eigenen Raum zu finden, zu beleben, zu schützen, durchlässig zu machen, müssen wir erst einmal damit spielen. Spielraum ist der Schlüssel. Wo für dich kein Spielraum ist, wirst du geschwächt. Wer dir – mit welchem Argument, welcher Handlung auch immer – diesen Spielraum einengt oder nimmt, ist an der Schwächung deiner Kraft interessiert. Du mußt das ja nicht zulassen.

Das feine Netz der Energie

Von Energie ist ja oft die Rede, die Stromwirtschaft gebraucht das Wort genauso wie Esoterikprofis. Aber was ist eigentlich Energie? Ist es ein esoterischer Modebegriff, wie Kritiker der Esoszene immer sagen? Gibt es so etwas wie Energie und Bewußtsein gar nicht? In der magischen Arbeit ist Energie einerseits die Bewegung und das Kraftfeld der Materie, der Menschen, Tiere, Pflanzen, Steine, andererseits die Bewegung des Nichtsichtbaren, Nichtgreifbaren, der nicht materialisierten Wesen.

Ein Computerfachmann hat neulich ein schönes Bild der Energie entworfen, mit der unser Erdball überzogen ist: Die Basis sind die menschlichen Beziehungen, der Kreislauf der Natur, darüber liegt das Energiefeld der internationalen Politik, darüber liegt das Energienetz der multinationalen Industriekonzerne und darüber liegt, irgendwie unkontrollierbar, das Netz der Internet-Kommunikation. In der Magie liegt unter, zwischen, über diesen

Netzen und mit allen Netzen verwoben das Energiefeld aller Wesen im Universum. Das Unberechenbare an diesem Energiefeld ist, daß es niemand so genau kennt. Kein Mensch weiß, mit welchen Energien wir es da zu tun haben. Du kannst einen Teil erfühlen und kennenlernen, aber du kannst dieses ganze komplexe Energie-Universum nicht vollständig erforschen oder gar kontrollieren. Warum lernt ein Kind schneller als ein anderes? Warum heilt sich eine Person vom Krebs und eine andere nicht? Warum ist für eine Frau Leitungswasser Heilwasser, und für die andere bleibt es Leitungswasser?

Ein magischer Weg hilft dir nicht, diese Energien zu kontrollieren oder genau zu kennen, sondern regt dich an, Kontakt aufzunehmen. Da alle Teilchen, alle Wesen, alle Energien tanzen, kommt Kontakt durch Bewegung zustande. Durch Tanz, durch Rasseln und Trommeln, durch die Vibration des Gesangs. Aber auch die Bewegung des Geistes macht Kommunikation möglich. Wenn du Angst hast, Vorurteile, feste Weltanschauungen, bewegt sich nichts, du lebst in einer Art Starre, also kannst du nicht über deine Überzeugungen hinaustanzen und nimmst auch nichts anderes wahr. Du kannst ja nur wahrnehmen, was du für wahr nimmst. Alles andere entzieht sich deinen Wahrnehmungsorganen, weil es das für dich gar nicht gibt.

Wenn wir ins Raumschiff Mutter einsteigen, verlieren wir unsere universelle Beweglichkeit. Wir docken an, werden vom Mutterschiff versorgt, und sobald wir aussteigen, sind wir ungefähr so behindert wie der erste Mann auf dem Mond.

Frauen leben oft wie Engel, die im Flug nach unten schauen, über die Höhe erschrecken und abstürzen. Die Flughöhe, das ist die imaginierbare Freiheit, die Sehnsucht, das sind die Träume der Kindheit, der Absturz ist die Anpassung an die Kanäle, die für unsere Energie vorgesehen sind. Der größte Energiefresser ist die Liebe. Sie ist insofern hochinteressant, als sie auch der größte Energiespender sein kann. Sobald die Liebe zur Beziehung wird, fängt das Ziehen und Zerren an.

Fast ebensoviel Energie fließt in den Versuch, existenzielle Sicherheit zu finden. Der Energieaufwand steht oft in keinem Verhältnis zu dem, was er dann produziert. In der mauretanischen Sahara arbeiten in den Salzbergwerken Menschen, die sich allein dadurch, daß sie arbeiten, immer mehr verschulden und versklaven. Sie bekommen für ihre Arbeit bei der Gewinnung des Salzes nicht genug Geld, um ihren Unterhalt zu bezahlen. Je länger sie also arbeiten, um so mehr verschulden sie sich. Das scheint barbarisch – die absolute Ausnahme. Aber im Grund sind wir in der westlichen Zivilisation in der gleichen Situation. Was wir zum Leben, zum Entspannen, zum Durchhalten brauchen, kostet oft mehr, als wir verdienen können. Wer einen hochdotierten Job hat, braucht mehr Geld, um den Streß abzubauen, um immer tadellos auszusehen.

Dem wahren Energieaustausch auf den Grund zu gehen, ist die Voraussetzung für magische Arbeit. „Aber das macht mir doch auch Spaß“, „aber ich liebe ihn doch“, „das ist für mich überhaupt kein Aufwand“ – solche Aussagen führen zu Energielöchern. Die ganze Energie fließt da hinein, ohne daß die betreffenden Personen das überhaupt merken. Meistens ist die Aufdeckung energiefressender Situationen mit einem Tabu belegt. (So was darfst du nicht mal denken)

Viele Frauen sagen von sich, daß sie kraftlos sind, daß sie keine Energie haben, das mache sie niedergeschlagen und depressiv. In den Worten niedergeschlagen und depressiv liegt aber sehr viel Energie. Um die Energie, die du von Natur aus hast, die dir angeboren ist, zu unterdrücken, niederzuschlagen, brauchst du unendlich viel Kraft. Der Zustand von Kraftlosigkeit ist in Wirklichkeit eine Art Implosion: Du ziehst die Energie nach innen und hältst sie drin. Drückst sie runter. Läßt sie nicht mehr nach außen. Ein unhörbarer hypnotisch eingebauter Befehl fungiert als Schloß. Aber was macht die Energie, wenn sie gebunden, unterdrückt wird? Sie sucht sich ein Ventil. Sie wütet durch Körperzellen, sie nimmt mit den Befehlszentralen im Hirn den Kampf auf. Sie löst in deinem Körperuniversum einen Belagerungszustand aus.

Diesen Zustand zu erkennen und die Energie wieder freizusetzen fordert Klarheit, Loslassen. Aber die Gehirnwäsche läßt das oft nicht zu. Klarheit heißt oft Beendigung eines unerträglichen Zustandes. Loslassen heißt auch die Situation loslassen, die dich in diesen energetischen Belagerungszustand gebracht hat. Was das für Frauen bedeutet, die mit magischer Urkraft geboren werden, kannst du dir leicht vorstellen. Gebogen und gebrochen reicht die Kraft oft nur noch zur Versorgung der Familie und des Ehemanns und zur Aufrechterhaltung der Fassade nach außen.

Bitteschön. Dankeschön. Entschuldigung, ich meinte ja nur, ich wollte damit nur sagen... ich muß schnell zu Hause anrufen, die wissen ja nicht... hoffentlich finden sie... laß mich erklären, weißt du, was ich meine?

Wir entschuldigen uns für alles, sogar für unsere Existenz. Wir versuchen, unseren Raum aufzulösen und uns gleich mit, während wir ihn einnehmen. Die Angst, in der Eigenmacht erkannt, entdeckt zu werden, lähmt uns.

Frauen engen ihren Raum zugunsten anderer ein, auch wenn dieser Raum gar nicht eingefordert wird – im vorauseilenden Gehorsam. Es gibt einen Energiebonus für den Verrat an Frauen.

Frauen wie Madonna oder Maggie Thatcher zum Beispiel durchbrechen die Grenzen der Spielarten von Weiblichkeit. Sie sind die Vorzeigebeispiele schlimmer Frauen, da sieht man ja, was Frauen tun, wenn Mann sie läßt. Obszön, ordinär, machtgeil, unsozial, egomanisch, da hört sich der Spaß auf, besonders Frauen grenzen sich sofort ab, wenn ihnen eine andere Frau gegen den Strich geht. Und der Strich ist immer die Konditionierung, sind die alten Hypnosebefehle. Womit ich nicht sagen will, daß es notwendig ist, ordinär, asozial, geldgeil oder machthungrig zu sein. Es ist notwendig, die energetischen Abläufe zu beobachten, die entstehen, wenn sich eine im Rahmen bewegt oder wenn eine aus dem Rahmen fällt.

Die „unmöglichen" Frauen gehören zu den nützlichen Feindinnen. Sie geben uns den wertvollen Hinweis, daß weibliche Existenz nicht mit dem Liebevoll-Fürsorglichen, dem Sozialen, dem Anständigen verbunden sein muß. Offenbar gibt es Frauen, die sich einen Dreck darum kümmern, ob ihr Verhalten als weiblich akzeptiert wird, die sich nicht zeigen, wie es allgemein gefällt, sondern wie es ihnen selbst gefällt.

Ein Symptom des energetischen Korsetts ist der Aufschrei: Thatcher ist wirklich unmöglich! Vom Standpunkt der Energiediskussion ist das völlig uninteressant. Interessant ist nur: Wie reagierst du, darfst du reagieren? Wer hat deine moralischen Gesetze, also deine energetischen Grenzen geprägt? Warum hältst du sie ein? Damit plädiere ich nicht für unmoralisches Verhalten, weiß gar nicht, was das ist, sondern für Genauigkeit in der Wahrnehmung, wie Energie ausgetauscht wird, welche Kanäle dafür geschaffen wurden, welche Wirkung Energie (Empörung,

Zustimmung, Zuneigung, Ablehnung, Haß, Liebe, Anerkennung, Ausgrenzung usw.) hat.

Die alte Energieschaukel: Anspruch, Vorwurf, schlechtes Gewissen, Schuldbewußtsein, Bedrängnis, Panik, Unterwerfung, Rückzug, Energieimplosion.

Die alte Erkenntnis: Wenn die Energie auch nicht für eine gestaltende Vision reicht, für eine Horrorvision reicht sie immer. Jede Frau ist in der Lage, sich die grauenvollsten Szenarien auszumalen, aber kaum eine kommt auf die Idee, daß in dieser Fähigkeit ein unglaubliches Potential liegen könnte. Am meisten Phantasie bringen Frauen für das Leid der Welt auf. In der sinnlosen Wiederholung aller Greuel haben wir ein schönes Hamsterrad für unsere mächtige Energie gefunden. Auch Liebesbeziehungen mit der ihnen zugrunde liegenden vampiristischen Energie – wo gibt es schon „Liebe", die nicht irgendwo Forderungen und Besitzdenken eingebaut hat? – sind vom Standpunkt des Energieflusses, des Energieaustauschs interessant. Warum leiden Frauen, die verlassen werden, so heftig? Weil sie während der Dauer der Beziehung ihre ganze Kraft hineingesteckt haben und ihr energetischer Körper jetzt aus zwei physischen Körpern besteht. Sie wollen bleiben, wo ihre Energie geblieben ist. Ein Teil der eigenen Energie wurde vom Partner/von der Partnerin abgezogen. Bei der Trennung wird der Energiekörper auseinandergerissen.

Für eine genaue Energiearbeit – und die ist im Handwerk der Magie unerläßlich – mußt du analysieren:

- Was leitet deine Kraft ab? (Das heißt, daß du deine Kraft nicht auslebst, daß sie nichts gestaltet, nichts wandelt, nichts ruft, nichts bindet, nichts löst, sondern einfach aus dir rausfahren kann wie ein wildes Gelächter, ein Wutanfall, ein Heulkrampf, ein Orgasmus.)

- Was nährt deine Kraft? (Das geht von der Nahrung, die dich kräftigt und heilt, über den faszinierenden Kinobesuch, das anregende Gespräch bis zu Konzerten, Kunst oder magischen Ritualen. Finde, was dich energetisiert, ohne gleichzeitig Energie von dir abzuziehen. Alle Energieprozesse zwischen Menschen energetisieren, ziehen aber auch Energie ab, deshalb ist die ideale Nahrung für deine Kraft eine Art seelische, geistige, spirituelle Tankstelle – also, was tankst du?)
- Wer oder was unterdrückt deine Energie? (Das sind Situationen, wo du runterschlucken mußt, was du auf dem Herzen hast, Situationen, in denen du dich nicht so zeigen, nicht so verhalten kannst, wie du eigentlich willst, also fast alle Arbeits-, viele Familiensituationen, viele gesellschaftliche Anlässe. Umgekehrt ist natürlich auch wichtig zu wissen, wo im Gegensatz zu diesen Situationen du so sein, das tun darfst, kannst, was du wirklich willst, was für dich gerade ansteht.)
- Was bringt deine Energie ins Fließen? (In welchen Situationen fühlst du dich angeregt, gekräftigt, gut beatmet, heiter, froh, durchblutet, geistig hellwach. Für die magische Arbeit ist wichtig: Welche energetischen Situationen öffnen die Tore zur Traumzeit, zu deiner magischen Substanz, dein Staunen, deine Begeisterung?)

Klarheit über den eigenen Energiefluß, über Anregung, Verstärkung, Blockierung, Umsetzung, Hingabe, Ruhe und wieder Anregung, ist die Grundvoraussetzung für das Gelingen des magischen Handwerks.

Drogen aller Art werden immer wieder eingesetzt, um energetische Prozesse in Gang zu bringen, um Hemmungen, Blockierungen abzubauen. Zucker gibt kurzfristig Energie, frißt aber für diesen kurzen Schub Vitamine, Spurenelemente, alle wertvollen Stoffe weg. Das heißt, daß für relativ wenig Wirkung viel wertvolle Substanz geopfert werden muß. Für Alkohol gilt das in noch höherem Maß: kurze Erwärmung, kurze Energetisierung, kurzes Durchbrechen von Blockaden und dafür lange Aufarbeitung der Rückkoppelungen, was energetisch Entmutigung und Erschöpfung auslöst. Hirndrogen greifen von außen, noch völlig unerforscht übrigens, in die Hirnchemie ein und wissen alles besser als der Körper. Das bringt kurze Kicks und zerstört die Fähigkeit des Körpers, selbst etwas zu entwickeln. Das geht übrigens von Schmerzmitteln über Beruhigungs- und Glückspillen, Schlafmittel bis zu Kick-Drogen (wie Ecstasy, LSD, Crack), die Ekstasen und faszinierende Phänomene auslösen.

Je mehr von außen kommt, desto so mehr verliert der Körper die Fähigkeit zur Eigenproduktion. Zur Verarbeitung der Gifte wird schließlich mehr Energie benötigt, als vorher eingegeben wurde. Drogen sind Energiefresser und -verwirrer. Im magischen Handwerk ist es besser, wenig Energie zu haben, die aber genau zu kennen, als scheinbar über viel Energie zu verfügen, die unklar, verwirrend, kraftraubend und nicht genau einzusetzen ist. Haltlosigkeit ist offensichtlich nicht das Ziel magischer Arbeit. Hemmungs-losigkeit schon eher.

- Woher kommen unsere Bedürfnisse, wie viele davon sind sekundär, wie viele haben wir uns an Land gezogen, weil uns das ursprünglich Gewollte nicht zur Verfügung steht bzw. wir nicht wagen, es zu fordern oder gar zu erträumen?
- Wieviel von unserer eigenen Bedürfniserfüllung schieben wir auf andere ab? Wenn die nicht das getan hätte, wäre ich jetzt... oder: Wenn der mich lieben würde, wäre alles gut. In der Beschäftigung mit Magie klären sich solche Illusionen schnell. Ich wollte ihn unbe-

dingt, habe ihn magisch gerufen, jetzt habe ich ihn am Hals und werde ihn nicht mehr los. Wenn ich ihn nicht am Hals hätte, wäre ich...

- Energie bündeln: das Richtige zum richtigen Zeitpunkt tun oder sagen. Etwas, das wächst, nicht dem grellen Licht aussetzen, wie eine Biogärtnerin mit den eigenen Gewächsen und der eigenen Energie umgehen. Klug setzen, was bei geringem Energieaufwand die größten Ergebnisse bringt.
- Geld und Dinge sind Energieersatz, Überbrückungskabel. Wo die Gefühle nicht mehr da sind, müssen die Dinge her. Aber Dinge haben auch Energie und wollen gehalten und genährt und bewahrt werden. Wie ist dein Austausch zwischen den Dingen und deiner Energie? Wieviel Kraft geben sie dir? Wieviel nehmen sie dir? Wie stark binden sie dich ein? Wie sehr engt Abhängigkeit davon deinen Raum ein? Wie unbeweglich machen dich die Dinge, die dich umgeben?
- Lebt deine Energie mehr davon, daß du anderen gibst und davon Befriedigung, sprich Energie, beziehst oder daß du anderen Energie abziehst? Wenn du an eine Freundin eine Stunde lang hinheulst, ist das Nutzung ihrer Kraft, wenn du dir eine Stunde lang den Streß deines Mannes im Geschäft anhörst, nutzt er deine Kraft, um seine wieder aufzubauen. Viele Frauen brauchen das Gefühl, gebraucht zu werden, für ihre eigene Bedeutung. Nur für sich selbst zu existieren, gilt als armselig und einsam. Dabei kann nur eine Frau, die ihren Kraftkreislauf spürt und ihren Raum einnimmt, die also auch mit sich allein sein kann, ein selbständiges verantwortungsvolles, selbstbestimmtes soziales Wesen sein. Das ist die Voraussetzung für die Veränderung der Kraftfelder und der öffentlichen Räume.

Orakel

Wie unbefangen Menschen mir oft die Hand hinstrecken: Schau doch mal rein, du kannst doch Handlesen! Ich bin damit sehr vorsichtig geworden, seit ich weiß, wieviel in einer Hand zu lesen ist. Es ist fast, als zeige man jemandem die Rumpelkammer, das Bad, mit allen Intimitäten, die man darin aufbewahrt, das Fotoalbum, das Schlafzimmer und die Küche gleichzeitig.

Gibt es ein Wesen im Universum, das leichter zu durchschauen ist als der Mensch? Manchmal sehe ich rumänische Kartenlegerinnen auf der Straße. Sie gehen so neben dir her und raunen dir zu, daß sie deine Zukunft sehen und sehen können, wie schwer du es hattest. Naja, wer hatte es nicht mal schwer! Ich bin dazu übergegangen, ihnen meinerseits ein Orakel anzubieten, das kann ich schließlich. Und ich sehe bei ihnen dieselbe Vorsicht, die auch ich empfinde. Bloß nicht! Wer weiß, was eine entdeckt, wenn sie genauer hinschaut!

Wir sehnen uns nach Antworten in einer Realität, die undurchschaubar und verwirrend scheint, aber das Wesentliche an einem Orakel sind immer die Fragen. Je mehr du fragst, um so leichter wirst du zur Beute für fremde Interessen. Mit einer Frage gibst du dich zu erkennen. Wie deine geheimen Wünsche offenbaren auch deine Fragen, an welchem Punkt deines Lebens du stehst, und Menschen, die um ein Orakel gebeten werden, sind Schwellenbewohner. Nicht alle haben ehrenwerte Absichten. Tatsächlich ist die Schwelle ein gefährlicher Ort. Wer über eine Schwelle tritt, in einen neuen Zustand treibt, ist gefährdet. Es gibt kaum Situationen, die gefährlicher sind als Übergangszeiten, in denen Antworten lebensnotwendig werden.

Die fünf Fragen, die dem Orakel gestellt werden:

- Liebt sie/er mich? Wie kann ich ihre/seine Liebe erringen?
- Wie komme ich zu Geld/Wohlstand oder aus meiner Geldknappheit heraus?
- Wie finde ich den Job, den ich mir ersehne?
- Wie steht es um meine Gesundheit?
- Wie finde ich die Wohnung, die ich unbedingt brauche/wie verändere ich meine Wohnsituation?

Unberührt von der Entwicklung der technischen Durchorganisierung des Lebens, von Computerspielen und der elektronischen Kommunikation, unberührt von all den neuen Möglichkeiten, von Moden, Belastungen, Kriegen, Aufstiegen, Abstürzen sind diese fünf Fragen die einzig wichtigen Fragen im Leben geblieben. Das macht es orakelkundigen Menschen ziemlich leicht, Antworten zu geben. Alle Menschen, die sich professionell mit Orakeln beschäftigen – egal ob sie Karten legen, Hand lesen, dir in die Augen, in Wasserpfützen, in umgestürzte Kaffeetassen schauen, Schafgarbenstengel des I Ging, Steine oder Kaurimuscheln werfen, in Weissagungsbücher, alte Zauberbücher oder ihren Tranceraum schauen –, wissen genau, daß es nur fünf wirkliche Fragen gibt. Indem du die Frage stellst, gibst du dich zu erkennen. Weise Menschen können daraus das meiste lesen. Bei allen Profis kommt Erfahrung dazu, sie arbeiten zum Teil mit denselben Tricks wie PsychotherapeutInnen.

Manchmal fragen Menschen nach Verstorbenen. Geht es denen gut, dort wo sie jetzt sind? Diese Menschen sind natürlich die leichteste Beute für Geschäftemacher. Was wird man schon antworten? Ja, denen geht's gut! Das ist auch gut fürs Geschäft.

Jeder Passant auf der Straße könnte so eine Frage beantworten, denn jede Antwort ist möglich. Sinnvoller wäre es, die Ungewißheit einfach zu ertragen, denn wer immer behauptet, die Antworten für den Zustand nach dem körperlichen Tod zu haben, kann genau wie du und ich nur spekulieren. Sicher gibt es Augenblicke, in denen sich das Universum unverhüllt zeigt, aber – ist es die Wahrheit? Ist es ein Spiel deiner Körperchemie? Ist es eine Botschaft von Außerirdischen? Nur spielerisch kommst du der Sache da näher. Je verzweifelter die Frage, desto größer die Chance, auf die Schnauze zu fallen.

Wenn die Fragen immer die gleichen bleiben, wozu dann überhaupt fremden Menschen Fragen stellen? Die Antwort kann immer nur situationsabhängig sein, kann sich morgen ändern und kann abgesehen davon ganz falsch sein. Und warum ist die Antwort einer professionellen Zukunftsdeutungsperson gültiger als deine eigene, wenn du ein wenig nachdenkst? Warum fragst du dich nicht mit der gleichen Hingabe selbst?

Eine Orakelsitzung ist dann lustvoll, wenn du sie wie ein Kunstwerk entwirfst, das viele verschiedene Aspekte und Facetten sichtbar macht – also geh nicht zu Stümpern, die dir nur das Geld aus der Tasche ziehen. Natürlich will die Leopardin, daß die Gazelle bei ihr übernachtet, wollen VersicherungsvertreterInnen, daß du eine Versicherung abschließt, natürlich will die Bank, daß du überschüssiges Geld bei ihr anlegst – laß dich nicht von Menschen beraten, die aus der Beratung, in die sie dich hineinmanövrieren, selbst Vorteile ziehen. Was dir WahrsagerInnen aus den Zeitungsinseratseiten sagen können, kannst du dir auch selber sagen. Ich höre immer Frauen schwärmen, wie die eine „wußte, daß ich mal einen Unfall hatte“ oder „daß ich es in der Kindheit ziemlich schwer hatte“. In jedem Leben kommt der eine oder andere Unfall, das eine oder andere Problem in der Kindheit vor. Das weißt du selbst, wenn es stimmt, und das ist keinen Pfifferling wert.

Die Statistik arbeitet für die Orakelkundigen. Die Prognose ist entweder richtig oder falsch, da die Erfolgsquote bei 50 Prozent liegt, arbeitet sie immer für die Profis, weil die Hälfte der Leute begeistert sein werden, und der Rest verspielt sich. Gehen zwei Freundinnen zum Hellseher, und bei einer hat er recht, bei der anderen nicht, wird die Frau, bei der alles stimmt, die andere übertönen. Im Zusammenhang mit Orakeln ist die eigene Leichtgläubigkeit extrem herausgefordert.

Ich habe in meinem mittlerweile fünfzigjährigen Leben nur zwei Menschen getroffen, die mich wirklich verblüfft haben, denen ich magisches Gespür der feinsten Art zugestehe. Alle anderen taten das, was auch ich auf meinem Lehrlingsweg tat: Sie spielten mit Wahrscheinlichkeiten, mit psychologischen Erkenntnissen, mit Wahrnehmungen, mit Prophezeiungen, die immer irgendwann eintreten. Die Gefährlicheren arbeiten mit „sich selbst erfüllenden Prophezeiungen“. Es gibt nichts Komplizierteres, als eine miese Prophezeiung einfach zu vergessen.

Als ich mit etwa achtzehn Jahren in London einer Wahrsagerin begegnete, sagte sie zu mir (und ich zahlte ihr auch noch ein Pfund dafür): Du wirst immer Ärger mit Männern haben, die Michael heißen. Sie hatte ja so recht. Aber sie hat mich auf Männer namens Michael regelrecht eingestellt. Ich hatte auch Ärger mit Männern namens

Wolfgang, Josef, Jean, Kofi – wer zählt die Namen, nennt die Männer, mit denen ich schon Ärger hatte? Aber die Michaels blieben hängen. Jeder Michael bekam meine besondere Aufmerksamkeit. Werde ich mit ihm Ärger haben? Aber ja! Erst kurz vor der Jahrtausendwende gelang es mir, mit einem Michael der anderen Art den Zauber zu brechen. Er machte mir nur Freude.

Orakel lassen sich bis zum Rand des Wahnsinns durchführen. Je dringlicher die Fragen, je häufiger die Orakelsitzungen, um so verwirrender wird alles. Bis du am Schluß nicht einmal mehr weißt, was eigentlich die Frage war. Siehe oben, es gibt nur fünf Fragen, ach so, nein, es gibt eine sechste, die wird als eine Art Verzweiflungszusammenfassung gestellt: Was ist der Sinn des Lebens?

Je nach orakelkundiger Person und deren kulturellem oder religiösem Hintergrund, so vorhanden, wird diese Frage mit *Jesus Christus, Buddha, Shiva, Allah, Die große Göttin, Erdmutter Gaia, Güte und Mitgefühl, Essen und Trinken, Guter Sex, Spaß am Leben, Spuren hinterlassen* beantwortet.

Es scheint so zu sein, daß es keinen Sinn gibt, außer dem, den du selbst entdeckst und kultivierst. Wir werden geboren, wir leben, wir sterben. Und alles geht schneller, als man denkt. Aber es scheint nicht unerheblich zu sein, wie das alles abläuft, wieviel Befriedigung und Glück du aus deinem Leben ziehst, wie viele Erkenntnisse.

Orakel sind wirklich gute Mittel, um zur Ausschüttung von Endorphinen und körpereigenem Morphium zu gelangen, um eben Erkenntnisse zu gewinnen. Erleuchtung ist vielleicht das Ende einer hervorragenden Orakelsitzung, vielleicht aber auch die Erkenntnis, daß du dir von unbekannten Menschen keine Antworten aufschwätzen lassen mußt, willst. Erleuchtung kann in dem Augenblick wahr werden, in dem du begriffen hast, was du wirklich wissen willst.

Die Magie der Zahlen

Computerhacker manipulieren die Programme, die Codes von Computern. Magie geht dorthin, wo die Programme und die Codes gedacht, gemacht werden. Wenn die Kultzahl der Hacker 23 ist (denn sie verfallen so brillant-konfusen Werken wie den „Illuminaten"), dann ist die Zahl der Magie 5. Die 5, das sagt ihr Name, ist die Quintessenz. Die 5 zieht aus allem die Substanz, die 5 arbeitet mit der Macht der Verdichtung, mit der Energie, die aller Materie zugrunde liegt, mit dem feinen Stoff, der unendlich wandelbar ist.

Die 5 wohnt in der 4, einer etwas unbeweglichen, starren Zahl, symbolisiert sie doch die Ordnung und die Macht der Menschen. Die 4 ist der Rahmen, aus dem zu fallen die Magie gebietet. Die 4 schenkt das Gerüst, mit dem Überleben möglich wird. Wer die 4 durchschaut, gewinnt Macht in dieser Welt. Wer sich die Ordnung zur Lebensenergie macht, ordnet andere unter. Ordnet Materie und ruft damit Energiestrukturen ins Leben. Das Runde, Spielerische, Freie wird durch die 4 in eine neue Form gebracht. Anecken ist auch eine Eigenschaft der 4. Fest und sicher wie ein Haus ist die Kraft der 4. Nur: wie zuverlässig ist der Ablauf der Jahreszeiten, die Gültigkeit der vier Elemente oder der Himmelsrichtungen? Du kannst die 4 als Hilfsmittel wählen, aber sie ist nicht die Antwort auf alle Fragen, denn wo bleiben die Übergangszeiten, wer hat beschlossen, daß es vier Elemente sein müssen. In anderen Kulturen gibt es da durchaus andere Auffassungen. So arbeitet die chinesische Medizin mit fünf Elementen und versucht, zur Quintessenz zu kommen. Das entwertet nicht die 4, die stabilisieren soll. Die im allgemeinen Tanz der Energie Festigkeit einfordert, die wir ja gelegentlich wirklich brauchen.

Die feste 4 ist erst aus der Beweglichkeit der 3 möglich geworden, denn die 3 ist der Tanz aller Energien überhaupt und damit auch die Zahl der Initiation. Wenn du den Rhythmus, das Muster der Bewegung kennst, kommst du durch, wohin auch immer. Nicht Gewalt und Zwang, Beweglichkeit bringt dich weiter. Indem du Gedanken im Spiel der Mimik und der Körpersprache entschlüsselst, errätst du, was gefragt ist. Das ist die 3. Drei Prüfungen mußt du bestehen, drei Fragen beantworten, drei Wünsche hast du frei, wie schon anfangs beschrieben. Die 3 führt in alle möglichen neuen Abenteuer, in Besitz, Erleuchtung, Macht, Rätsel, Verlust von allem, die 3 ist die Schwelle. Mit der 3 sinkst du tiefer, das dritte von Allem und Jedem öffnet ein Tor, egal wohin.

Vor der 3 war die 2, die Konfrontation, die gelegentlich sogar für Polarität gehalten wird. Ach ja, das Männliche im Weiblichen, das Weibliche im Mann, wer hätte das nicht schon oft gehört, gesagt. Wie trügerisch ist diese 2. Wie verführerisch. Wenn ich nur mein Gegenüber finde! Zum Einerseits das Andererseits, ist ja alles so einfach gestrickt. Wie klar läßt die 2 den unüberschaubaren Ablauf der Kräfte werden. Wie ordentlich sind da Tag und Nacht, Gut und Böse, Richtig und Falsch geordnet. Und wie genial hat die 2 die Verführung, die Intrige, den Zweifel gewebt, die kleine Provokation, die alles über den Haufen wirft.

Und ab ins Chaos der 1! Wer an die glaubt, hat die 1 verdient, das Chaos, die Lügen, die sich mit Wahrheiten so lange verbunden haben, bis nichts mehr so war, wie wir es kannten – und was kannten wir schon! Die 1, geniale Unordnung, Urzustand und doch schon zur Definition verkommen, ist uns höchstes Ziel; das Eine, das Einzige, das einzig Erstrebenswerte zu erreichen, ist doch der Motor in diesem Spiel. Ist nicht die Quintessenz auch das Eine, Wahre, das wir so verzweifelt suchen?

Da kommt die 6 zu Hilfe, mögen auch viele verschiedene Kräfte an uns zerren, die 6 bringt sie ins Gleichgewicht, hilft uns, Entscheidungen zu finden, auszugleichen, hier etwas, da etwas, Schluß mit dem Chaos!

Aber schon die 7 stürzt uns in neue Rätsel. Kaum war alles klar, kaum haben wir gefunden, was wir suchten, die Befriedung des unruhigen Geistes, kommt die 7 daher und wirft uns in die dunklen Windungen des Labyrinths. Gerade deshalb wurde die 7 auch zur Glückszahl. Ohne Verwirrung keine Entwirrung, unbeschreiblicher Glückszustand: Ich hab's!

Das führt zur 8. Neue Power sagt sich an, jetzt bin ich doch mit allen Wassern gewaschen, durch alle Prüfungen gegangen.

Das führt zur 9 – in die Einsamkeit des eigenen Universums, wir brüten uns selbst neu aus. Die 9 gewährt uns lange gesuchte Fülle – und wirft uns wieder in die 1. Hört das denn nie auf?

Go to hell – stay where you are!

Magische Übergriffe

Macht, auch Eigenmacht bringt es gelegentlich mit sich, daß sie mißbraucht wird. Aber die Überraschung ist, auch Ohnmacht produziert Übergriffe. Auch Ohnmacht ist eine Form von Macht. Viele Frauen denken, sie haben keine Macht. Sie stehen ihren Familien zur Verfügung, fühlen sich benutzt, ausgebeutet, nicht wahrgenommen und scheinen überhaupt nur zu existieren, weil oder solange sie gebraucht werden. Die Sorge um andere Menschen, die Fürsorge, die schier übermenschliche Liebe züchtet, ist eine Art Übergriff, den Frauen nicht gern wahrhaben wollen, der aber sehr mächtig ist. Wenn ich andere unselbständig halte, wenn ich alles erledige, bleiben sie von mir abhängig, ich gewinne mehr und mehr Macht über sie, und selbst wenn sie sich von mir lösen, bleiben sie durch ihre Schuldgefühle an mich gebunden – ein fast klassischer magischer Übergriff, auch wenn er psychologisch daherkommt. Im Netz der Spinne sind überall klebrige Fäden. Wer entkommt, bleibt mit ihnen verbunden. Manche Fliegen sterben, obwohl sie sich aus dem Netz der Spinne retten, an der Verklebung ihrer Flügel.

Da unsere Welt in Gut und Böse eingeteilt ist, als wäre die Erde noch eine Scheibe und als könnten wir tatsächlich unbefangen von „unten“ und „oben“ sprechen, nehmen wir „positive“ Übergriffe kaum oder gar nicht wahr. Was soll daran schlecht sein, wenn eine heilende Energien schickt? Ist es nicht allen Menschen zu wünschen, daß mehr Licht ihr Leben erhellt? Entweder gibt es diese telepathischen Energien nicht, dann könnten wir sagen, es ist einerlei, wie viele Frauen mit Licht und „positiver Energie“ eine Kranke, eine Sterbende, eine Verletzte umschwirren. Mit Energie ist es aber so eine Sache. Wenn sie ungebeten daherkommt, kann sie mehr Schaden als Nutzen bringen. Vielleicht ist eine gerade damit beschäftigt, die Landkarte ihrer eigenen Energie kennenzulernen. Plötzlich kommt dieser Schwall von Licht, der alles zerlegt, der dir deine Konzentration nimmt, dich ablenkt von deiner Feinarbeit. Keine kann wissen, wozu eine Frau Krankheiten, schwierige Lebenssituationen, ja Katastrophen braucht. Ungefragt, ungebeten einzugreifen ist Manipulation.

Verfluchen ist eine Art spiritueller Notwehr. Wenn eine ihre Kraft bündelt, kann sie große Wirkungen hervorbringen. Warum ist ein Fluch problematisch? Flüche binden und verknoten. Wenn du einen Fluch schickst, bleibt dieser Fluch, wie alles, was du aussendest, mit dir verbunden. Du brauchst viel Kraft, um einen Fluch mit Macht zu schleudern. Du konzentrierst dazu deine Energie, formulierst, was du anrichten willst, und schickst diesen magischen Laserstrahl los. Damit stellst du eine Verbindung zwischen dem Ziel und dem Ausgangspunkt, also der Person, die du verfluchst und dir selbst her. Das Band ist besonders stark, weil für einen Fluch die Energie besonders stark gebündelt sein muß.

Wie willst du die verfluchte Person wieder loswerden? Wie an einer Nabelschnur hängt sie an dir dran. Ist dein Fluch wirksam, zerstört er das Leben dieses Menschen, hängt auch diese Zerstörung an dir. In guten Zeiten mag das kein Problem sein, aber was ist mit den Zeiten, in denen die Kraft nachläßt? Die unruhigen Geister der anderen Person reisen auf dem energetischen Band zu dir, beunruhigen auch dich. Wie gehst du mit ihnen um?

Wenn du einen Fluch als sinnvolle Strafaktion, als Alternative zu einer anderen Form der Auseinandersetzung siehst, wird dieser eine Fluch wohl nicht der einzige bleiben. Am Ende sitzt du im Netz deiner Flüche, verbunden mit allen Drecksäcken dieser Erde, die die Verbindung zu dir nutzen, um dir, wenn du schwach bist, Kraft abzuzapfen. Flüche verändern auch dich. Da du mit ihnen verbunden bleibst, wirkt ihre Energie auch auf dein Leben. Es kann passieren, daß die zerstörerische Energie, gegen die du deinen Fluch geschleudert hast, auf dich übergeht.

Mißtraue den Gerechten, wie oft haben sie Dreck am Stecken! Du wirst vielleicht zu einer Art Gerechtigkeitsinstanz. Du maßt dir an, genau zu wissen, wer gestraft und wer verschont werden muß. Es gibt vermutlich ein paar Menschen, bei denen das keine weiteren Schwierigkeiten bringt, aber wenn du das Weltgericht erst mal an dich gerissen hast, fühlst du dich ständig herausgefordert, Gerechtigkeit walten zu lassen. Am Ende sitzt du in der Falle deiner Wertvorstellungen und kennst dich selber nicht mehr aus: Wie war das mit dem ursprünglichen Recht?

Ich kenne eine, die Schmähbriefe an Leute schreibt, weil sie sich nicht für die Abschaffung des Autoverkehrs einsetzen. Ihre Wut ist mittlerweile so überlebensgroß, daß ein Gespräch mit ihr nicht mehr möglich ist. Blanker Haß fährt wie ein Feuerstrom aus ihr. Ist das die Antwort auf alle Probleme? Ich maße mir kein Urteil an, nicht über sie, nicht über das Lichtschicken, nicht über ungebetene Heilungsversuche und Flüche. Aber ich sehe, woher die Energie kommt, wohin sie geht und welche Wirkungen sie hat. Eine Frau, die verfluchen will, sollte sich genau überlegen, in welches Netz sie da ihre Kraft einspeist und ob es der beste Spielzug auf einem Spielfeld ist, das nicht übermäßig viele Züge möglich macht.

Das Verhexen geht noch einen Schritt weiter. Nicht ungebetene Energie wird hier geschickt, keine spirituelle Gegenwehr schafft sich hier Raum. Das Verhexen ist ein Akt magischer Gestaltung. Alle, die glauben, das gibts sowieso nicht, können sich hier gelangweilt abwenden. Ich habe zu viele Menschen gesehen, die das Verhexen beherrschen (und hier ist be-herr-schen genau das richtige Wort) und zu viele, die von dieser magischen Manipulation getroffen wurden, um sie als Hirngespinst abzutun.

Ich habe mit einem ehemaligen britischen Kolonialoffizier gesprochen, der als junger Mann im Polizeidienst in Nigeria arbeitete. Er verhaftete einen Jungen, der gestohlen hatte. Seine nigerianischen Kollegen rieten ihm, den Jungen freizulassen, weil dessen Onkel ein mächtiger Zauberer war. Geoffrey lachte nur. Als bodenständiger Brite, der sich durch tägliche Teerituale gefestigt wußte, glaubte er nicht an diesen Unsinn. Er wurde krank. Unerklärliche Lähmungen befielen ihn. Als er nach einigen Wochen dem Tod nahe war, ließ er sich nach England ausfliegen. In einem Londoner Krankenhaus wurde er mit allen Mitteln der Schulmedizin behandelt. Ohne Ergebnis. Schließlich bat er, als er im Sterben lag, seine Frau, den Behörden in Lagos zu übermitteln, sie sollten den Jungen freilassen. Obwohl er nicht wußte, wann genau der Junge freigelassen wurde (und ob überhaupt, erst später konnte das rekonstruiert werden) wurde er in dem Augenblick gesund, als der Junge das Gefängnis verließ.

Ich habe solche Wirkungen vor allem in Afrika oft beobachtet, aber auch in Deutschland, mitten im Land der rationalen Technokraten. Ich habe sogar selbst so eine Manipulation auf dem Kerbholz. Eine Freundin, die mich finanziell betrogen hatte, belegte ich mit einem Unglückszauber. Eines Tages rief sie mich an und bat mich um ein Gespräch. Als ich sie sah, war ich so schockiert, daß ich danach nie wieder zu diesem Mittel griff, weil mir klar wurde, wie zerstörerisch gerade diese Manipulation ist.

Gegen tätliche Übergriffe können andere sich wehren. Aber eine magische Manipulation ist schleichend, nicht festzumachen, nicht aufzudecken. Mehr noch: In der westlich-zivilisierten Gesellschaft gibt es so etwas wie magische Manipulation oder Verhexen nicht. Darf es nicht geben, denn das widerspricht dem Stand der Forschung. Verhexen hat eine verhängnisvolle Wirkung auf die Person, die die magische Manipulation ausführt. Der Zauber ist ihre Kreation, ihr Kind. Die darin eingebundenen Energien sind mit ihr verbunden, suchen immer wieder ihre Nähe. Allmachtsphantasien tauchen auf, sobald ein Zauber funktioniert. Zerstörung, schließlich Selbstzerstörung sind die Folgen. Niemand ist so mächtig, diese gewaltigen Energien halten zu können. Niemand ist unsterblich.

Wir kennen ja ein paar Gestalten, die versucht haben, damit umzugehen. Wer mit magischer Manipulation umgeht, findet sich am Ende in einer spirituellen Gummizelle wieder. Umgeben von Schutzfetischen, umgeben von Schildern und Schutzvorrichtungen aller Art, wie die afrikanischen Zauberer, die, je älter sie werden, desto mehr Schutzamulette und Zauberschilde brauchen, weil sie sonst von den Energien zerstört werden, die sie selbst geweckt und gegen andere gerichtet haben.

Zerstörung kann nicht der Sinn der Magie sein. Zerstörung gibt es schon genug. Bindungen und Verstrickungen auch. Das Ziel von Magie ist Lösung. Türen öffnen. Bewegung frei tanzen lassen. Dann macht Magie wirklich glücklich.

Woher wissen wir eigentlich, daß unsere Ahninnen weise Frauen waren? Es ist sehr verführerisch, Frauen für weise zu halten, die tot sind, die – wir wissen es nicht! – vielleicht nie gelebt haben. Ein Zeichen für eine gewisse Weisheit unserer Vorfahrinnen scheint mir, daß sie es schafften, eine Million Jahre zu überdauern. Daß es offenbar lange, lange Perioden menschlicher Geschichte gab, in denen nicht ein paar verkalkte, versteifte Herren (in Frauenkleidern) über so etwas wie Fortpflanzung, Lust, Kultur bestimmten.

Aus mündlich überlieferten Geschichten und Sagen wissen wir ein paar Dinge, wie Frauen mit ihrer Magie, ihrer Gestaltungskraft, ihrer lebendigen Energie umgingen, die Großmutter, die alte Zauberin, die Großmutter des Teufels (der interessanterweise keine Mutter hat, nur eine Großmutter), die Hexe, die alte Nachbarin, die alte Muhme, die alte Spinnerin, die Königin der Unterwelt, die Tochter der Zauberin, die Tochter des Zauberers: Fest steht, wer immer Magie lernt oder ausübt, wird von einer Frau gelehrt, eine Frau hat das letzte Wort.

Wilde Frauen

Die Saligen, Bregostene, Salwarie, Bärsianeli, Fänggen, Ganggerl, Druden, Perchten, Reza und ihre Schwestern, Ritu, Nona Fluor, Madrisa, Matteona, Donna Kenina, die wilden Frauen Europas, die alten Zauberinnen und weisen Frauen haben stets Schwestern. Sie leben auf Bergen oder in wilder Umgebung, sehr zurückgezogen, zeigen sie sich Menschen, sind sie meist freundlich, können aber bei schlechter Behandlung sehr unangenehm werden. Es gibt Hinweise darauf, daß diese wilden Frauen früher Bewohnerinnen des europäischen Alpenraums waren und von den patriarchalen Stämmen der Germanen, Illyrer, Hunnen oder Skythen vertrieben wurden.

Viele Märchen, Sagen und Mythen beschäftigen sich mit den sagenhaften Kräften dieser Frauen. Vom Roche aux Fees in der Bretagne, dessen riesige Steine die Feen zusammengetragen haben, bis zu Tanna der Steinkönigin, von den Saligen Frauen, die Menschen reich und glücklich machen können, bis zu den wilden Frauen vom Untersberg, die Kinder rauben, sie ausbilden, stark machen und wieder freilassen, sind überall in Europa Geschichten von „wilden" zauberischen Frauen bekannt. Drachentötermärchen zum Beispiel beschreiben, wie die alte Macht mit Gewalt gebrochen, die Natur dämonisiert wurde, Frauen zunehmend diffamiert und sogar umgebracht wurden.

Wie Männer mit wilden Frauen umzugehen haben
Da praktisch alle Märchen in einer Zeit handeln, in denen Männer noch eiserne Schuhe zerschlissen, um ihre Liebste zu gewinnen, also offensichtlich sehr, sehr lange vor unserer Zeit, beschreiben viele Märchen die Initiation in die Welt der Frauen: Helden müssen die Sprache der Tiere verstehen, mit den vier Winden kommunizieren können, von alten weisen Frauen akzeptiert werden, so daß diese ihnen weiterhelfen, sie müssen beherzt und heiter sein und keine Mühe scheuen. Sie dürfen die Frauen nicht beschimpfen, schlagen, behaupten, daß sie verrückt sind, oder mit ihren magischen Fähigkeiten prahlen, sonst verschwinden ihre Frauen (im Gegensatz zu den heutigen)

auf Nimmerwiedersehen, mag die Reue auch noch so groß sein. Die Frauenhäuser der Märchen sind Felsenhöhlen, in denen sich wilde Frauen in Gemeinschaften aufhalten. Meistens schaffen es die Männer nicht mal sieben Jahre, zu ihren wilden Frauen gut zu sein.

Die Künste der weisen Frauen

Viele der Künste, die heute tabuisiert, banalisiert und in ein okkultes Abseits gedrängt wurden, sind ursprüngliche Fähigkeiten von Frauen, die dem Patriarchat, oder ganz persönlich gesagt, den Patriarchen, den Führern, den Kirchenfürsten und Politikern zu gefährlich wurden und die deshalb erfolgreich ins Banale, Lächerliche, ins Zwielicht gezogen wurden.

- *Binden, Bannen, Lösen, Wandeln* sind die alten Fähigkeiten, nicht am Gegebenen zu kleben, sondern kreativ damit umzugehen. Das läßt sich heute auf einen Zauber genauso wie auf den Terminkalender oder eine Beziehung übertragen.
- *Erzählen* war die alte Kunst der Chronistinnen, die Geschichte der Menschen und nicht die Geschichte der Herrscher und der Kriege wach zu halten. Erzählen ist auch Beschwören, ist Wiederherstellen des erzählten Zustandes. Im Erzählen erlebt nicht nur die Erzählerin, sondern auch die ZuhörerInnen die Situation neu.
- *Rufen* war die Klarheit zu wissen, was kommen soll, und die Fähigkeit, wirksame Mittel zu erfinden, um die entsprechende Kraft zu locken. Mit Händen, mit dem Körper, mit lockenden Lauten, mit der Macht der eigenen Stimme, im Einklang mit allen Klängen riefen wir, rufen wir.
- *Tanzen* war die Verbindung zu den anderen Ebenen, zu den Wesen anderer Seinsformen, war Rufen, Be-

schwören, Herbeiholen und das Sprechen mit der Erde und ihren Wesen. Die Füße nahmen Verbindung zur Erde auf, das Tanzen erzeugte Schwingung und Schweiß, Hingabe und Verbindung.

- *Schweiß* und *Spucke* waren Kommunikationselemente, mit denen eine Person sich anderen Wesen gegenüber identifizierte, Botschaften durchgab.
- *Blut* war der ursprüngliche Ausweis der Menschen. Alles, was du bist, ist auch in deinem Blut. Dein Wunsch, deine Not, deine Macht, alles ist in deinem Blut. Wo dein Blut ist, bist du auch selbst.
- *Nähren* war nicht einfach Kochen, bis dir das Essen zum Hals heraushing, hatte nichts mit lustlos zusammenbruzzeln und besinnungslos essen zu tun, sondern war Zwiesprache mit allen beteiligten Kräften und Informationsfluß beim Schlucken, verdaut wurde nicht nur die Substanz, sondern auch die Botschaft. Kochen war die magischste aller Künste. Mit Kochen wurde geheilt, gerufen, beschworen, verabschiedet, gewandelt, Erinnerung gelegt, Macht ausgeübt, Leben und Tod angerufen.
- Die *Spirale* war nicht nur eine Form, ein hübsches Symbol. Sie war und ist das Prinzip des Lebens. Mit der Einführung der linearen Energie, mit dem linearen Ablauf, der linearen Erzählform verschwand mehr und mehr die schöpferische Energie des Kreisens, Erzählens, Erlebens, neu Schöpfens. Das Prinzip der Spirale ist die tiefe Erkenntnis, alles kommt wieder, zu einer anderen Zeit, in einem anderen Zustand, in einer leicht veränderten Form mit etwas anderen Zutaten. Alle Lieder, Kinderreime und Volksepen hatten diese Energie. Das patriarchale Prinzip des Anfangs, Höhepunktes und Endes ist eine unbefriedigende Form der zer-

stückelten Erzählform. Kinder fragen oft: und dann? nach so einer Erzählung.

- *Heilen* als Kommunikationsform war nicht ein Mittel gegen einen Krankheitszustand. Heilen, Medizin war Teil des Lebens.
- *Flechten, Sticken, Weben* waren Techniken, die zugleich schützende Textilien herstellten, Geschichte verwoben, Macht banden, Informationen und Symbole einarbeiteten und weitergaben. Der Herstellungsprozeß geschah unter Singen und Erzählen, das fertige Gewebe enthielt all die Nachrichten, Bilder und Impulse, die hineingehören, gehört wurden.
- *Trance* als Erinnerung war die heilende Kraft, die Ganzheit wieder herzustellen. Die Geschichte aus ihrem linearen Prozeß herauszulösen und alle Elemente nebeneinander, miteinander erleben zu können. Realitäten verschmelzen und verbinden sich, Wissen wird aus alten Schichten in neuere geholt und mit anderen Fragmenten von Information verbunden.
- *Entscheidung, Verantwortung, Grenzen* – im Einklang mit allen Kräften einen Weg einzuschlagen und dafür Verantwortung zu übernehmen, hatte mit der spielerischen Errichtung von Grenzen und deren Überschreitung zu tun.
- *Die eigene Kraft* zu spüren, sie heiter auszustrahlen, dazu in der Wirklichkeit zu stehen und das magnetische Kraftfeld zu halten, war eine urweibliche Kraft, die später zu sexueller Ausstrahlung verkam. Heute kokettieren wir damit, aber ursprünglich war diese Macht keineswegs brauch-bar und harmlos.
- *Die fünf Sinne* hatten ihre volle Funktion, die Haut konnte sehen, die Füße teilten ihre Erfahrung mit, die Ohren, die Nase, die Augen waren mit allem im Kör-

per verbunden, heute nennen wir das die Intuition der Frauen, den sechsten Sinn.

- Die Fähigkeit, der *Erinnerung* zu glauben, die sich als Phantasie tarnt, war ursprünglich eine der stärksten Künste der Frauen, denn aus dem Er-Innern und Erfinden ließ sich die Welt immer neu erträumen, erspinnen, gestalten.
- *Das helle Sehen, das wahre Sagen* war nicht etwa ein esoterisches Mittel, um Fragmente aus der Zukunft zu erhaschen, sondern ganzheitliches Sehen und wahrhaftes Sprechen des Gesehenen, Gespürten und das Mit-Teilen dieser Kraft.
- Das *Wissen* um die Lebendigkeit aller Wesen und die Fähigkeit, sich auf ihre Sprache in vielen Facetten einzulassen, ist vielleicht der schmerzhafteste Verlust, weil wir Frauen dadurch viele Freundschaften und Bündnisse verloren. In allem Geplauder, Geplapper, Gerede das Schweigen als Kommunikationsmittel wiederzufinden, ist vielleicht die größte Herausforderung.
- *Lernen und Lehren* durch närrisches, spielerisches Sein war die Voraussetzung, daß alle Informationen lustvoll durchkamen und daher nicht von Mißstimmungen und unangenehmen Gefühlen blockiert wurden.

Helferwesen und verbündete Tiere sind das Wichtigste bei einem guten Zauber: Feen, alte Männlein, alte Frauen, Hexen, sogar böse Hexen, goldene Vögel, junge Mädchen, die dem Teufel den Haushalt führen und dabei das Tabuisierte lernen, Töchter der Hexe, Töchter oder Frauen der Menschenfresser, sprechende Schwellen und Steine, ein tanzendes Flämmchen, Wassernixen.

Die Sprache der Tiere versteht, wer von Menschen besonders schlecht behandelt wurde, wer an einem Sonntag geboren ist, wer sich das sehr stark wünscht, wer in einem spirituellen Zwischenzustand gelandet ist. Tiere wissen über Unheil und Glück Bescheid. Die Sperlinge sagen dem jungen Prinzen Katt, daß er auf der Hut sein muß, als er den wichtigsten Kampf schon bestanden glaubt, Raben sagen dem Blinden, daß zu seinen Füßen das Kraut wächst, das ihn sehend macht...

Besonders bedeutend sind Wolf, Fuchs, Bär, Löwe, Fisch (als Helfertiere bei den drei zu bewältigenden Aufgaben), Krähen, Raben und überhaupt Vögel als Übermittler von Botschaften, so sie denn verstanden werden. Adler oder Greif als magischer Vogel, der einen Schatz hütet, Pferde als Zaubertiere, Katzen und Gänse als Helfertiere der Hexen, Kröten als Gefährten und Fruchtbarkeitsauslöserinnen, Fliegen als Arbeitshelfer, Schlangen/Nattern als magische Tiere, die Glück bringen, aber auch Unheil heraufbeschwören können, wenn sie schlecht behandelt werden. Hunde als Unterweltsbewacher und Begleittiere (auch mit glühenden Augen kommen sie vor), Huhn und Kuh tauchen als Symbole für Häuslichkeit und Wohlstand auf. Mäuse und Ratten verkörpern das Urwissen, Überlebenskraft und die Zauberei schlechthin.

Magische Koordinatenkarte (sie hilft dir, die Wahl deiner Mittel, deiner besonderen Kraft und die Orte, an denen du Energie aufnehmen kannst, zu finden):

1. Was kann ich gut/tue ich gern, was sind Werkzeuge meiner Kraft?

2. Wen empfinde ich als Verbündete Wesen/wer ist mir wohlgesonnen, zu welchen Wesen fühle ich mich hingezogen (von Pippi Langstrumpf über die heilige Margarethe zu Artemis oder Krokodilen)?

3. Welches sind meine Orte der Kraft?

4. Als welches Tier würde ich leben wollen?

5. In welcher Pflanze weiß ich Feen, Geistwesen?

6. Welche Dinge geben mir Kraft/bauen mich auf/trösten mich?

7. Wähle dir spontan eine fünfstellige Zahl, errechne die Quersumme, das heißt rechne alle Ziffern der Zahl so lange zusammen, bis nur eine Ziffer übrigbleibt, und spiele mit der Bedeutung dieser Zahl, um Hinweise auf deine Situation zu erlangen.

8. Welche Farbe verkörpert für mich Schutz?

9. Welche weiblichen Vorbilder/starke Frauen/ bewundernswerte Frauen kenne ich (und kann sie mir als Kraftverstärkung zum Vorbild nehmen)?

10. Welches Element erwähle ich ganz spontan zu meinem?

11. Was hast du geerntet, was davon selbst gesät, was ist als wilde Saat aufgegangen?

12. Würdest du dich eher als Sonne oder als Mond/Planet sehen?

13. Was ist dein Treibstoff?

Diese Koordinatenkarte kannst du dir immer wieder spielerisch neu erstellen, um den Augenblick deiner magischen Kraft herauszufiltern.

Magische Mittel

Die Nummer eins der magischen Mittel ist sicher der *Kessel*, schon deshalb, weil er uns Frauen angeboren ist. In unserem Bauch findet ja die Verwandlung in jedem Monat statt. Der Bauch ist das Zaubergefäß, was nicht bedeutet, daß eine Zauberin ohne Kessel auskommt. Der Kessel, das Gefäß, in dem rund gerührt werden kann, bietet die ideale Form, auch unverträgliche Substanzen zu vermischen, die sich eigentlich nicht verbinden. Auch der *Besen*, der nicht nur Schmutz, sondern auch Energien vertreibt, ist ein wesentliches Mittel der Magie. Der *Stab* wird gern überschätzt. Er symbolisiert die Verbindung der Unterwelt mit all den Unterweltsgeistern und DämonInnen, der Mittelwelt, die unsere Welt ist, mit der Oberwelt, die von Helferwesen, schamanischen Tiergeistern, Engeln und GöttInnen bevölkert ist. Selbstverständlich ist ein erfülltes Leben eins, das all diese Ebenen zu vereinen weiß.

Spucke, Blutstropfen auf einem Tuch, Fett, Wurzeln, Haselzweig (statt Gold und Juwelen), Hirse, Gerste, Pfirsichkern, Stab, Wasser (des Lebens und des Todes, aber auch zum Eintauchen oder nicht trinken), Nußschalen, der Pfiff (der die Geister ruft), Asche, der Blick, die Macht von Namen und Worten, Gesang, Flötenspiel, Laterne, Zettel mit Aufschrift oder Spruch, besonders wirksam als Reim, Haar, Kamm, Knochen, Puppe, Getreide, Blume, Spiegel (besonders Erdspiegel, also polierte Onyxsteine), der Mantel/Umhang, das magische Tuch, das magische Knäuel, Spindel, der Faden, Federn, Tierhaare, Fell, das feine gesponnene Gewebe.

Verkehrte Welt – die Grenzen der magischen Macht

Der Machtbereich auch der mächtigsten Zauberer und Zauberinnen endet irgendwo. Meist ist er beschränkt auf einen Wald, auf vier mal siebenhundert Meilen oder vier mal sieben Meilen. Ein Fluß, eine Schwelle, ein Tor oder ein Waldrand markieren den Übergang, und so hat der Fährmann über den Fluß eine besondere Aufgabe, er führt InitiantInnen auf die andere Seite, in die andere Ebene, jenseits von Fluch und Bann. Es erfordert schon höchste magische Kraft, einen Zauberspruch über ein großes Wasser zu werfen. Wasser tendiert dazu, Zauber, Bindungen und Bannungen aufzulösen. In vielen Märchen sind die HeldInnen vor der Macht der Zauberin gerettet, wenn sie das andere Ufer wo auch immer erreichen. Die Märchen wußten noch nichts vom Internet und von Glasfiberkabeln. Heute kann ein Zauberspruch namens „Leonardo da Vinci" an einem bestimmten Tag alle Computer und damit auch die Stromversorgung, die Verwaltungen, die Banken lahmlegen. Eine zeitgenössische Zauberin wirft ihre Magie heute durchaus per Internet in den Raum, aber nur wenn sie wirklich Macht hat, schafft sie das auch ohne Technologie.

Viel problematischer als die Grenzen der Macht, die eine ja wissen und akzeptieren kann, ist der Rückschlag einer magischen Handlung. Du kennst das Phänomen: Jemand trägt ein Paar Skier, balanciert sie sorgfältig durch eine Glastür, und als es geschafft ist, dreht er sich um und schlägt das Glas zu Bruch. Es gibt immer diesen einen kleinen, gefährlichen Augenblick, wo alles schon geregelt scheint, wo du aufatmest und sagst: Puh, geschafft. Super. Das ist der Augenblick der Wahrheit, der Augenblick, in dem dir deine Energie mit aller Wucht in den Rücken fällt, wenn du nicht wirklich sorgfältig jede magische Handlung abschließt. Den Gipfel hast du geschafft – wie so viele übrigens – aber jetzt kommt der Abstieg, und da zeigt sich, was du wirklich draufhast.

Du hast vielleicht etwas sehr Geheimes ausgeführt. Hast es tagelang, wochenlang durchgehalten, niemandem davon zu erzählen. Jetzt stellt sich der Erfolg ein, du verplapperst dich – Ende der Geschichte. Du gehst mit einer größeren Tasche durch ein Antiquitätengeschäft. Sorgsam vermeidest du es, mit der Tasche zerbrechliche Objekte zu berühren, da zeigt dir die Besitzerin eine kleine Göttinnenfigur, sie ist nicht mal teuer, du drehst dich um – reißt ein Teegeschirr vom Regal. Jetzt kannst du dir die Göttin nicht mehr leisten. Du verstehst, was ich meine?

Achtsamkeit in jedem Augenblick, Besonnenheit, Ruhe ist das Gebot der Stunde für jede Zauberin. Dann kannst du getrost jenseits der Zeit, westlich der Sonne und östlich vom Mond, am Ende der Welt, fünf Klafter tief unter der Erde oder auf dem Spiegelberg deine Magie wirken und trotzdem heil zurückkommen.

Das Widersprüchliche, Verkehrte

In Märchen und Sagen gibt es zu jeder Überlieferung von Magie auch ganz klare Verbote – du darfst mich nicht fragen, woher ich komme, du darfst das 13. oder das 100. Zimmer nicht öffnen, du darfst mich nachts nicht ansehen, du darfst aus dem Zimmer nichts mitnehmen, du darfst dich nur bis zum Sonnenuntergang dort aufhalten, du darfst nicht sprechen, du darfst den Unterweltstieren nicht in die Augen sehen.

Das Verbotene muß nun oft trotzdem getan werden, weil es die Initiation in den magischen Raum ist. Wenn du Zaubermärchen studierst, um auf eine Gesetzmäßigkeit in der alten Magie zu kommen, wirst du feststellen, daß die Erzählungen oft widersprüchlich und paradox sind. Gerade das Verkehrte muß getan werden, damit sich das Richtige herausschält. Manchmal darf das Verbotene aber unter keinen Umständen getan werden.

Das zeigt, daß die Wege in den magischen Raum vielfältig, verwirrend, konträr sind – ein Labyrinth eben, in dem du dich verirren, in dem du aber auch den einen Durchgang finden kannst, den du ohne dieses Labyrinth gar nicht gefunden hättest. Denn das Labyrinth, das Widersprüchliche schult deine Wahrnehmung, schärft deine Sinne, läßt deine Entscheidungsfähigkeit, dein Verantwortungsgefühl wachsen. Da mußt du durch. Das Schwache, Schlechte, Schlichte, Dumme, Närrische triumphiert. Die

Hinkende, der Stotternde, die Kraft, die keine Umwege kennt, Naivität im besten Sinn gewinnt. Das Einfältige wird zum Heiligen, ist nicht korrupt und nicht korrumpierbar, aber auch nicht einzuschüchtern.

Sind Herzenswärme und Mitgefühl die treibenden Kräfte, ist jedes Mittel, jeder Trick, ja jede Lüge erlaubt. Wird aber aus Feigheit gelogen, betrogen und getrickst oder um sich selbst Vorteile zu verschaffen, dann geht es schief. Wenn es eine Grundenergie für Magie im Märchen gibt, dann sicher heitere Gelassenheit, froher Mut, offenes Herz. Alles Kleinliche, Raffgierige, Prahlsüchtige, Zynische wird auf die eine oder andere Art bestraft.

Aber auch die Verzweiflung führt nicht zum Ziel. Magie wird durch Herzenswärme wirksam. Oft sind aber diese beängstigenden Verwandlungen und Verbannungen Initiationen in eine neue Kraft, Prüfungen, die Heldin und Held zu bestehen haben, um der eigenen Magie gewachsen zu sein.

Hüte dich vor der Lüge, die als Wahrheit zu dir zurückkommt. Pflege die Lüge, die als Wahrheit zu dir zurückkommen soll.

Diese beiden Schlüsselsätze der Magie arbeiten mit der beabsichtigten und mit der nicht beabsichtigten Täuschung durch Sprache. Der energetische Unterschied ist: Die Lüge, die dich aus den Schuhen kippen kann, indem sie durch magische Transformation wahr wird, weil du den Zustand benannt und damit gerufen hast, aktiviert eine Energie, die du nicht kontrollierst, an die du nicht gedacht hast. Die Lüge, die als Wahrheit zu dir zurückkommen soll, wird schon in der Absicht, eine magische List anzuwenden und etwas auszusprechen, das wahr werden soll, angewandt, das heißt, es handelt sich um eine Energie, die du ganz bewußt rufst und dir zur Verbündeten machst. Das ist mir zu kompliziert, sagen oft Frauen zu mir. Aber wer sagt, daß Magie einfach ist?

Das natürliche Hindernis auf dem Weg zur magischen Macht ist Angst, Zweifel, Unlust, mangelnde Neugier, mangelnder Spieltrieb, Entmutigung. Das ist ja auch völlig in Ordnung. Nicht jede Frau muß zaubern (können). Magie ist ein Handwerk, und das ist durch umständliche, widersprüchliche Lernprozesse geschützt. Es kann erlernt werden. Natürlich gibt es immer auch wirksame kleine Gelegenheitserfolge in der Magie, es gibt das Anfängerglück oder das unerwartete ideale Zusammentreffen von Energien, die dann bewirken, was du willst. Aber Magie als Weg erfordert handwerkliche Feinarbeit. Sprache ist eins ihrer Hauptmittel.

In der deutschen Sprache gehen wir mit 26 Buchstaben um, das heißt, alles was wir lieben, hassen, fürchten, ersehnen, wird aus 26 Buchstaben geformt, kann in 26 einzelne Buchstaben aufgelöst und neu zusammengesetzt werden. Das heißt, daß du mit 26 Buchstaben den Schlüssel für alle Energien hast. Aber kannst du etwas damit anfangen? Eine Querflöte ist der Flötistin bestes Mittel, ihr Können in berückende Musik umzusetzen. Für eine, die nicht gelernt hat, mit den Mitteln der Flöte etwas auszudrücken, bleibt sie rätselhaft.

Schaffst du es, aus dem Satz: *Du bist zu nichts zu gebrauchen, am besten verschwindest du!* den Satz: *Magie ist zu rauchen!* herauszuphantasieren, und was bedeutet er? Rauchen ist eine Form von Magie, heißt das. Es ist ein Mittel, Energie in Rauch aufzulösen oder mit Rauch zu rufen. Spieltrieb! Eben! Könnte auch bedeuten: Magie kannst du rauchen. Wie? Probier's.

Gib deinem Hausgeist eine Zigarette, wie es in Westafrika Brauch ist. In Afrika wird der Hausgeist aus Ton geformt. Die Figur sieht aus wie ein abstrakter Mensch, Mann oder Frau, und hat einen Mund, in den eine Zigarette paßt. Hausgeister rauchen ab und zu eine und bekräftigen Zauber.

Humanitärer Krieg? Wohltätiger Kapitalismus? Beide Begriffe fand ich in der Zeitung. Da wird versucht, miese Begriffe wie Krieg und Kapitalismus durch Lockworte zu entschärfen. Täuschungsmanöver. Auch das Wort Propaganda hat eine Eisbergspitzenfunktion. Das Wort selbst ist die Spitze, die Manipulation der Meinung von LeserInnen ist der Eisberg. Denn das Wort Propaganda löst Emotionen aus, soll Meinung festlegen. Wer will schon auf Propaganda hereinfallen? Aber wie viele fallen auf das Wort herein?

Ein anderes beliebtes Zauberwort ist „Natur". Wer würde nicht gern auf die Natur hereinfallen? Natur ist auch Wirbelsturm, Vulkanausbruch, Schwefelsäure, Salzsäure, Steinschlag, Überschwemmung, Fäulnis. Natur ist die für Menschen nicht lebbare Atmosphäre des Weltalls, in der ein Astronaut, wenn sein Schutzanzug einen Riß bekommt, während er zerfällt, genau zehn Sekunden Zeit hat, um zu begreifen, daß man im Vakuum nicht schreien kann. Wer möchte sich das alles an Land ziehen? Aber wenn du einen Zauberspruch formulierst, in dem „Natur" vorkommt, formulierst du all das mit. Was weißt du schon von der Natur?

Beim Formulieren von Wünschen und Sprüchen wirst du die Fallen der Sprache vielleicht nicht sofort erkennen, deshalb ist es wichtig, die Worte abzuklopfen. Was könnten sie noch beinhalten? Nehmen wir einen Zauber, der sehr beliebt ist und eine Rückkoppelung haben kann, die gern übersehen wird: XY, sagen wir Hans, soll mich lieben. Das würden wir so unverblümt (beachte das Wort unverblümt, blumig ist drin) nicht vor anderen sagen, aber heimlich wird das unheimlich oft (beachte das Wort unheimlich, das Gegenteil von heimlich, heimelig, angenehm, also gruselig) verwendet. Soll also dieser Hans dich wirklich lieben? Sagen wir, dir wird zufällig (etwas fällt dir zu, die Geister lieben es, mit unserer Ungeschicklichkeit, unserer Plumpheit zu spielen, zu diesem Zweck lassen sie öfter mal was in unsere Richtung fallen) ein Superjob angeboten. Jetzt fängt dieser Hans an, dich zu lieben, weil du alles darangesetzt hast, das zu verwirklichen (in wirklich ist das Wirken, Weben, die Wirkung, das Wirksame drin). Du kommst in einen Konflikt. Denn einerseits ist es ja schön, daß dieser Hans dich endlich so liebt, wie du es gewünscht hast, andererseits hast du mit diesem Superjob keine Zeit für ihn. Der Job gibt dir vielleicht (viel und leicht!) die Möglichkeit deine Substanz zu nähren, Energie zu entwickeln (was war da vorher verwickelt, daß es sich jetzt entwickeln läßt?), aber der Hans wird langsam lästig mit seiner Liebe, von der er übrigens kaum wissen kann, wieso er sie gerade jetzt so heftig fühlt. Herr Zombie hängt also jetzt an deiner unsichtbaren Nabelschnur.

Vielleicht hast du mehrere Zaubersprüche und Wünsche formuliert. Geld ist vielleicht ein Thema? Viel Geld, wieder eine Nabelschnur. Paß bloß auf, daß sich die Nabelschnüre nicht verheddern. So unvorsichtig wird eine nicht sein, daß sie sich fünfzigtausend Kröten oder Eier wünscht. Aber auch „viel Geld" hat Tücken. Viel Geld, viele Steuern. Plötzlich bemerkt vielleicht (viel! leicht!) das Finanzamt auch, daß es mit dir aufwärts geht. An die vielen Steuern hast du wohl nicht gedacht, an den Verwaltungsaufwand (da ist auch eine Wand drin, die du vorher nicht bemerkt hast)?

Beliebt bei Frauen sind Sprüche zum Weltfrieden. Scheinbar harmlos. „Ich wünsche mir Frieden auf der Welt." Wohin gehen die Aggressionen, die Reibungen, die Ungereimtheiten in der Welt? Wie sollen sich die Katzen und Raubvögel ernähren, die ja zur Beutesuche ein gewisses Aggressionspotential brauchen? Und sie gehören doch zur Natur, die wir alle so gern haben.

Ein schönes Beispiel ist auch, wie aus der Friedensbewegung die Grünen und die grüne Regierung (ist dir mal aufgefallen, daß in der Regierung Gier zur Methode wird?) geworden sind. Du wünscht dir Weltfrieden? Mach ihn. Du bist in der Verantwortung (du mußt jetzt die Antworten haben, so einfach ist das). Jedes gesprochene Wort ruft andere, schließt auch andere aus. Die Eventualitäten, die du nicht denken kannst, darfst du als Möglichkeiten nicht offen lassen, sonst fallen (ja, da ist sie, die Falle) sie über dich her. Jetzt bemerkst du, daß du vielleicht gar nicht so klar und schlau bist, wie du dachtest (da ist die acht drin, alles dreht sich hin, her, Energie geht nicht verloren, sie wandert, tanzt, sie will balanciert werden). Ist dir schon die Lust vergangen, MagierIn zu werden (Überraschung, auch in der Magierin steckt die Gier, und in der Überraschung steckt drin, daß es rascher geht, als du ahnen konntest. Daß das Ahnen, die Ahnung mit AhnInnen zu tun hat, habe ich ja schon oft bemerkt)?

Kann sein, daß sich aus dieser Verwirrung (beachte das Wort irr, das der Kern der Verwirrung ist) die Notwendigkeit (ist ja klar, die Not wenden, aber auch wendig, schnell steckt in dem Wort) ergibt, mit Worten verantwortlich umzugehen. Antworten auch auf Fragen zu finden, die noch nicht gestellt wurden.

Wie stark ist dein Körper? Ist er stark genug, um die Kraft aus der Erde auszuhalten, die du gerufen hast? Die auch als Magma, als Wildwasser, als Schlammlawine kommen kann?

Ich habe einmal einen Zauberspruch formuliert, der so wahr wurde, daß ich heute noch lachen muß: Ich will immer genug Geld haben, wenn ich nichts mehr habe, soll etwas nachfließen. Immer genug heißt auch: nie zuviel. Und da ich eingegeben habe, daß etwas nachfließt, wenn ich nichts mehr habe, fließt halt vorher nichts nach. Ich muß also das Geld ausgeben, um es zum Nachfließen zu bewegen. Für mich stimmt es so, aber wenn ich mal mehr als genug bräuchte, müßte ich mir echt was einfallen lassen, denn ich bin nicht so gemacht, daß ich nie genug kriege. Fast hätte ich geschrieben: Ich bin dummerweise nicht so gemacht, daß ich nie genug kriege. Das hätte zur Folge gehabt, daß ich das dumm finde und gern gescheiter wäre, möglicherweise hätte ich dann plötzlich einfach nicht mehr genug gekriegt.

Ich kann dir nichts leihen, ich habe selber nichts, kann zum Bumerang werden. Das ist eine dieser Lügen, die als Wahrheit zurückkommen. Du hast es gesagt, jetzt hast du auch nichts. Ich kann zum Beispiel, wenn ich einen Termin habe, diesen nicht mit der Lüge „ich bin krank" absagen, denn unvermeidlich werde ich dann auch krank, weil ich um die Wirkung der Worte weiß. Ich bin einfach noch nicht mächtig genug, die Worte zu entschärfen, während ich sie spreche, und trotzdem ihre Überzeugungskraft nicht zu mindern.

Der Wunsch, sich „leidenschaftlich zu verlieben", ist auch nicht ohne. Wer wünscht sich schon einen Zustand, der Leiden schafft. Und ver-lieben, ist das nicht so lange lieben, bis wirklich nichts mehr geht? Ich bin total verliebt, so wie: total verausgabt. Die Vorsilbe „ver" hat ja im Deutschen zumindest die Nebenbedeutung, daß etwas so vollkommen ausgeschöpft wird, daß der Zustand kippt. Das ist natürlich in dem Wort ver-dienen auch drin. So lange dienen, bis von der Substanz nichts mehr übrig ist.

Ah, eine Sternschnuppe – die klassische Wunschsituation. Aber ist dir klar, welche Energie in einer Sternschnuppe steckt? Sie verglüht gerade. Sie leuchtet noch einmal auf, für dich vielleicht, und dann ist Feierabend. Ist das das Schicksal deines Wunsches?

Protest ist dann auch nichts weiter als ein Test für wirksamere Zustände. Wozu also protestieren. Dann schon lieber „Aufstand", aufstehen ist irgendwie immer gut, außer du willst liegenbleiben. Oder Information, etwas in eine Form bringen. Deformation dagegen gibt es nicht, Form ist Form. Dasselbe gilt für Unwetter oder Unding, Wetter ist Wetter, Ding ist Ding.

Formuliere dagegen keine Unsumme. Die könnte sich sofort in Luft auflösen. Gemeint ist die hohe Summe, aber „un“ löst sie auf. Eine Un-Summe ist keine Summe. Was nützt es dir, daß die Summe bleibt, aber in den miesen. Das erklärt vielleicht auch, warum die Linken immer so pleite sind. Rot wird auch für die roten Zahlen verwendet, für das, was nicht da ist.

Wie machst du dir die Sprache zur Verbündeten? Wähle Worte (ich sage bewußt nicht „suche“, denn daraus kann schnell eine Sucht entstehen, die du nicht mehr kontrollierst), die du philosophisch, von ihrer Herkunft, von ihrer Bedeutung her geprüft hast. (Jetzt sage ich auch nicht „abgeklopft“, denn sonst klopfst du so lange, bis du die einzelnen Buchstaben herausgeklopft hast, was dann passiert, kannst du am besten mit einem Scrabblespiel ausprobieren – hey, in probieren steckt sogar Bier! Wer hätte das gedacht. Pro ist für. Also für das Bier? Was steckt drin? Ein Scrabbleabend mit Bier!)

Auch mit umgangssprachlichen Ausdrücken ist in der Magie Vorsicht angebracht. Etwas kotzt mich an? Bitte nicht. Das wird doch gleich zu geruchsintensiv, zu fühlbar. Da scheiß ich drauf? Ich sag's gern, aber wenn ich's wirklich tun sollte, wär's mir oft zu peinlich (ich kann's aber für zu Hause aufheben). Was hingegen gut kommt, ist der bayrische Ausdruck für Ohrfeige: Ich gebe dir eine Fotze. Fotze ist ja auch das Wort für das weibliche Sexualorgan. Ich gebe dir meine weibliche sexuelle Kraft – das kann durchaus bedrohlich werden.

Nicht ist auch Ich. Nein ist auch Ein. Also Vorsicht. Vorsicht ist doch mal ein gutes Wort: Vorher schon etwas sehen, und „ich“ ist auch drin. Ich sehe etwas vorher.

Paßt. Ich bin ein Ass. Aber Ass ist auf Amerikanisch Arsch. Und auch mit der Phonetik ist nicht zu spaßen. Eh klar wird leicht zum Eklat.

Du fängst an, den Geistern deine Zaubersprüche zu erklären? Verhedderst dich, ach ja, erklären. Wieso „er", muß es nicht „ihm" heißen? Ihm klären, für ihn klären? Das tun wir ja fast immer, wenn wir er-klären. Das ist keine so gute Idee. Je mehr Worte du gebrauchst, desto mehr unwägbare Möglichkeiten ziehst du an Land. Reden ist halt Silber (da stecken die vielen Silben drin, die du brauchst), und Schweigen ist Gold (nur zum Spaß sage ich jetzt, daß da das Englische old drinsteckt). Du mußt wortgewandt werden. Die Worte wenden und drehen, mit ihnen spielen, sie zur Quintessenz zusammendampfen. Ein alchimistischer Prozeß.

Du hast den Eindruck (merkst du's? ich habe Druck ausgeübt), das ist ein Labyrinth, das du nie durchschauen wirst. So ist es. Du kannst aber mit Tricks arbeiten. Alle Stammeskulturen kennen Rituale für den Tabubruch, für das Unwägbare, für das, was du nicht denken, nicht wissen, nicht ahnen kannst. Demut ist angesagt. Da steckt Mut drin. Und die Aufgabe des Muts, Hingabe, Heiterkeit. Nicht etwa Unterwerfung, die wird ja an jeder Ecke gefordert – und gewährt (das heißt, daß sie wahr wird).

Wenn du durch deine magischen Irrungen und Wirrungen gehst, Wörter wählst, verwirfst, neu ordnest, gewinnst du auch Sympathien, weil du beherzt bist. Weil du ein kräftiges, warmes, sonniges Herz hast, weil du dich nicht ent-mutigen läßt. Weil du Mutterwitz hast und auf ein Vaterland getrost verzichten kannst. Ein guter Zauberspruch (ich entdecke gerade, daß aus dem Wort „Zauber" auch ein „Raub" lugt) ist wie ein Gedicht: dicht eben.

Stille. Du liegst im Bett. Wohlig in beginnende Träume eingesponnen. Da – ein Knacken im Flur. Dein Bewußtsein schießt weit hinaus, deine Wahrnehmung ist geschärft. Du hast den wohligen Raum verlassen, in dem du nach innen gesunken, deinen Erinnerungen und Assoziationen gefolgt bist.

Du bist, ohne dich zu bewegen, nach außen gesprungen, und dein Scanner tastet das Feld ab, in dem das Geräusch entstanden ist. Wieder knackst es, sind es nicht Schritte? Du aktivierst die Erinnerung an alle Geräusche, die sich genauso angehört haben, malst sie aus, Emotion vermischt sich mit Erinnerung. Angst steigt auf. Der Raum, von dir gestaltet, eingerichtet, eingenommen, wird dir fremd, wird zur Bedrohung. Und dein ureigener Raum, der, den du mit deiner Energie einnimmst, schrumpft. Mach dich mit dem Unheimlichen vertraut, wenn das Vertraute unheimlich wird. Die Angst läßt deine Ausstrahlung in sich zusammensinken, jetzt verströmst du den Opfergeruch. Du hast dich nicht bewegt, und doch hat sich der Raum verändert und noch mehr deine Situation im Raum.

Fernöstliche Kampftechniken lehren, die Lähmung deines Raums durch Töne aufzulösen. Klänge, Geräusche, bekannte, unbekannte, regelmäßige und überraschende, bilden eine Landkarte deiner intuitiven Wahrnehmung. Wie fühlt es sich an, wenn du an das Geräusch der Stadt, das Rauschen der Autos, das Schlagen der Kirchenuhr, das Quietschen der Straßenbahnräder gewöhnt bist, und plötzlich ist da nur Stille? Was geschieht mit dir, wenn irgendwo ein penetranter Ton entsteht und nicht mehr verschwindet? Töne sind mächtig. Mit Tönen können alle Wesen gelockt, entzückt, beruhigt, erregt, vernichtet werden. Töne sind die Verbindung zu anderen Ebenen, zu magischen Dimensionen.

Um in die Landschaften der Töne einzusteigen, mußt du die Augen schließen. Nimm wahr, wie sich die Wirklichkeit verändert, wenn du sie nicht sehen kannst. Wie anders arbeitet der Körper mit allen Sensoren, wenn die Augen geschlossen sind? Die akkustische Wahrnehmung gibt dir eine andere Facette der Wirklichkeit, die nicht so leicht zu täuschen ist wie das Auge. Wenn du deine Magie entwickelst, brauchst du diese akkustische feine Wahrnehmung. Und du steigst auch in die Landkarte der Gerüche ein. Gerüche und Düfte sind zuverlässige Wege der eigenen Landkarte. Wir werden von unseren alten Steuerungszentren geführt, Pheromone, feinste Ausdünstungen wahrzunehmen, einzuordnen und uns danach zu orientieren. Auch was wir bewußt gar nicht riechen können, wird von diesem uralten Sensorium aufgenommen und verarbeitet. Witterung aufnehmen ist in der Entfaltung der eigenen Magie eine der wichtigsten Fähigkeiten.

Der Körper mit der Haut ist Klangkörper, Schwingungskörper. Die Haut nimmt feinste Schwingungen auf und leitet die Impulse weiter, sie ist Trommelhaut und Membran für Außengeräusche zugleich. Wir haben fast verlernt, sie als Wahrnehmungsorgan einzusetzen. Erst wenn wir Gänsehaut bekommen, realisieren wir, daß die Haut Signale aufnimmt und verarbeitet. In der magischen Realität ist gerade die Wahrnehmung der Haut (Kribbeln, Kälte, Hitze, wohlige Schauer) wichtiger Impulsgeber für Entscheidungen.

Ein Grund, warum ich am liebsten barfuß gehe, ist die Tatsache, daß die Füße mehr „sehen" als die Augen. Ich taste eine Wohnung ab, welche Substanzen spüre ich unter meinen Sohlen? Wo ist es kalt, wo warm, wo rauh, wo weich? Die Wahrnehmung der Fußsohlen ist oft viel genauer als die der Augen oder der nicht geschärften Ohren. Die Füße stehen in Kontakt mit der übrigen Körperhaut. Nach der traditionellen chinesischen Medizin laufen in den Füßen (und in den Händen) die Ströme der Körperenergie zusammen. Nach der Akkupressurlehre sind alle Organe des Körpers auch in der Fußsohle vertreten. Wenn ich barfuß gehe, gebe ich die ertastete Wirklichkeit an alle Organe und die Haut durch. So werden die Füße zu Informationsempfängern.

Viele Wahrnehmungen, die über die Haut, die nackten Füße, die Hände anbranden, umgehen das Hirn, die bewußte Wahrnehmung. Was wir Intuition nennen, ist vielleicht nichts anderes als die Feinwahrnehmung unserer alten Stammhirn-Rückenmark-Haut-Steuerung. Sie gibt Impulse weiter, informiert den Körper, bewirkt Reaktionen, die wir im Kopf möglicherweise mit Zweifeln und Abwehr blockieren würden. In der Beschäftigung mit der Magie wird diese spezielle Sinneslandkarte zur lebenswichtigen Information. Denn die Erinnerung an uralte Zusammenhänge, an die Bedeutung von Gerüchen, Düften, Klängen, Schwingungen, die nicht vom Begreifen, vom Verstehen abhängt, die älter ist als der Körper selbst, die sich in jedem Körper bei der Geburt von Neuem entfaltet wie ein alter Code, wie ein altes Sicherheitssystem, bewahrt uns oft vor verhängnisvollen Entscheidungen.

Diesem „Gefühl" sind wohl Frauen näher als Männer, die ja derart heftig in Revierkämpfe verwickelt und durch männliche Artgenossen zur Definition im äußeren Raum provoziert werden, statt die alten Fühler zu pflegen, daß wenig Raum, aber auch wenig Mut zur fühlenden Feinarbeit bleibt. Was die magische Landkarte betrifft, haben Frauen den großen Vorteil, daß das Fühlen geradezu von ihnen erwartet wird. Im Erfühlen der feinen Energien, der Sinneswahrnehmungen wird kein äußerer Raum angesteuert, sondern der innere erkundet. Das führt oft zu keinen Ergebnissen oder Beweisen von irgend etwas und ist Männern dadurch zu vage. Welchen Sinn sollte eine solche Feinarbeit haben, wenn sie sich nicht in Erfolg, Ansehen, Ruhm verwandeln läßt? Welchen Sinn hat überirdisch schöne Musik angesichts des Kriegslärms?

Die Landkarten der magischen Realität, das Erspüren der Welt auf anderen Pfaden, das Erkennen von Kräften durch die Kanäle der Sinne, der uralten Erinnerung, verändern aber auch die Landkarten der Welt, verändern die Realität. Aber nicht in diesem Ziel liegt die Kraft, sondern im Wachsen-Lassen dieser subtilen Energien. Wir haben einen Körper gewählt. Wir leben auf diesem Planeten. Wir haben vielfältige, wunderbare Möglichkeiten. Wäre es nicht schade, diese nicht zu entdecken und zu leben?

Die Landkarte der magischen Realität tastest du am besten bei Dunkelheit ab, dann schweigt nämlich der Informationsfluß der Augen, die Ohren öffnen sich weit, die Hautzellen richten sich auf, die Haare werden wach, die Füße neugierig, die Fingerspitzen fangen an zu tasten.

Du tauchst ein in ein körperloses Universum, in dem Energie frei tanzt, nicht geformt, nicht gerufen, nicht gebannt. Du treibst aus der Festigkeit deines Körpers in die feinstoffliche Freiheit deiner reinen Energie nimmst Kontakt auf, berührst, läßt dich berühren, weit bist du schon von deinem Körper entfernt, immer noch gebündelt, immer noch gehalten durch die Erinnerung an deine körperliche Existenz. Wenn du zurückkehrst, merkst du, wie eng der Körper ist, wie klein du dich machen mußt, um wieder hineinzupassen. Wirkliche Reise ist Rückkehr. Die Erkundungen auf den Landkarten der Magie wollen in der körperlichen Realität erblühen. Das ist ja gerade der Vorteil der körperlichen Existenz: Du kannst hier sein und dort sein. Ohne Körper bist du einfach Energie. Wie das ist, kannst du früh genug erproben. Jetzt ist es doch beglückend, diese Welten parallel zu leben, zu genießen!

Eine andere Landkarte der Traumzeit beschäftigt sich mit den Orten, die zu Wärmefeldern, Kältezonen, Kraftgeflechten oder Impulsgebern geworden sind. Wenn du irgendwo einmal ein Ritual gefeiert hast, bleibt die Energie dieses Rituals wie der Hauch eines guten Parfüms über dem Platz. Immer wenn du vorbeigehst, erinnerst du dich daran. Das gibt diesem Ort eine andere Gefühlsqualität, vielleicht wie an einem Steinkreis oder einem Kraftplatz. Rituale auf Kreuzungen, um die Kreuzwegsgöttin Hekate zu rufen, kleine Schreine aus Körnern, Steinen und Kräutern beleben das Energiefeld der hektischen Stadt.

Die magische Landkarte wird von deinen Sinnen abgetastet. Dunkel wohlig, hell und leicht, abweisend, bedrohlich, anziehend, aufladend – deine alten Fühler erfassen die Energie eines Ortes, warnen dich, begeistern dich. Wie ein Hund schnupperst du dich die energetischen Felder der magischen Landkarte entlang. Hier wurde mal jemand umgebracht – deine Fühler schnellen zurück, Kälte entsteht, sogar wenn du nichts von diesem Verbrechen weißt. Hier war mal ein Straßenfest, du warst glücklich – etwas davon bleibt spürbar, wenn du vorbeigehst. Rituale erzeugen Wärmefelder, Wärmefelder verändern zuerst die magische, dann die materielle Landschaft.

Vision, Visualisierung, Imagination

Die ursprüngliche Materialausgabe

Alles war schon mal da. Ich war mal ein Teil eines Sterns, eines Apfelbaums, Fragmente von Gerste, Hirse, Eidechsen. Was besteht, entwickelte sich aus anderen Formen. All das wurde geträumt, sagen die Lakota oder die Hopi. Es wurde aus der Vagina der Wawalag-Schwestern geschleudert, sagen die Aborigines in Australien. Es kam aus dem Urknall, sagen die Atomphysiker. Gott hat es gemacht, sagen die Christen. Jenseits von Zeit und Raum dehnt sich eine Ebene des Nichts, sage ich, dort befindet sich die ursprüngliche Materialausgabe.

Niemand ist dort, um Nichts herauszugeben. Dort im Ungeformten kommen die Träume und die Wünsche an, dort drehen sich Gedanken so lange, bis sie eine Form finden, zum Beispiel: Hoffentlich gerate ich nicht in eine Polizeikontrolle. Schon ist sie da. Beim Finanzamt bekommst du kein Geld und beim Arbeitsamt keine Arbeit, bei Gericht wirst du selten wahre Gerechtigkeit finden – die Logik der Diesseitsrealität zerfällt, sobald du sie scharf anschaust. In der ursprünglichen Materialausgabe findest du erst einmal nichts. Denn Nichts ist der Ursprung von Allem. Das findest du vielleicht esoterisch und idiotisch, aber es ist so: Wo nichts geformt ist, kannst du alles neu erträumen, formen, materialisieren.

Wir haben aufgehört, dorthin zu gehen, wo Nichts ist, denn Nichts ist zuwenig zum Leben, so scheint es. Die

Realität ist aber auch von Nichts bevölkert, nur fällt das kaum auf, so vollkommen ist es getarnt. In eine volle Tasse kannst du dir nichts nachschenken lassen. Wenn dein Kopf voll von Urteilen und Wertvorstellungen ist, kann nichts Ungewohntes landen.

Gehst du zur ursprünglichen Materialausgabe, muß dein Kopf leer werden, denn jeder festgefügte Plan, jede vorgegebene Überzeugungsstruktur verhindert, daß du den Weg dorthin findest. Realität wird nicht, wie es scheint, durch Notwendigkeiten bestimmt, sie wird geträumt, gewünscht, auch wenn es überhaupt nicht so aussieht. In der ursprünglichen Materialausgabe mußt du den Mut haben, zu deinen Träumen zu stehen, ihnen die Bedeutung zu geben, die sie für dich heimlich ohnehin haben. In der ursprünglichen Materialausgabe kannst du vergessen, was du immer so erzählst, um ein Bild von dir und deinem Leben vorzuspiegeln. Nicht was du erarbeitet hast, nicht dein Auto, deine Wohnung, deine gesellschaftliche Stellung zählen, sondern das, was du wirklich fühlst, ersehnst, erhoffst. Hier beginnt der Spielraum der Magie. Was willst du gestalten? Wohin willst du gehen? Wie willst du dich fühlen? Was brauchst du?

Aber wenn du dort angelangt bist, durchschaust du plötzlich auch die Verlogenheiten, die irrsinnige Anstrengung, die es braucht, die Realität zusammenzuhalten, den Selbstbetrug. Du findest die Heiterkeit, die Gelassenheit, die Freude am Tanz des Lebens. Den Mut zu gestalten. Die Lust zu wünschen. Manchmal gerätst du über einen Tanz direkt dorthin, manchmal über eine tiefe Entspannung, über eine monotone Folge von Tönen oder Klängen. Über eine lange, intensive Zeit mit dir allein. Du kannst dich auch bewußt auf den Weg machen: Tiefer, entspannter läßt du dich hineinsinken in die Ebene, auf der nichts geformt, nichts definiert ist. Du gibst dich der Leere hin. Keine Anstrengung. Paradoxerweise mußt du die Welt der Dinge, der Natur, der Geschöpfe verlassen, um sie mit neuen Augen, ganz fremd von einem ganz anderen Blickwinkel neu zu sehen und zu schätzen. Was du dort finden wirst, ist nicht unbedingt die Befriedigung des Nichts. Warum sollte es erstrebenswert sein, die materielle Welt zurückzulassen, noch ehe du sie wirklich gefunden, durchschaut und genossen hast? Loslassen kannst du nur, was du in Fülle gehabt, gelebt hast.

Es geht nicht darum, Trost und Hoffnung in einem anderen Leben, in einer anderen Welt mit anderen Wesen zu suchen, eher darum, dich selbst innerhalb deiner Lebensstruktur zu sehen und herauszufinden, ob sie wirklich deinem Bedürfnis entspricht, und wie du deine Situation so verändern kannst, daß alles paßt.

Die Reise zur ursprünglichen Materialausgabe führt dich zur Weisheit deiner Kindheit, in die Zeit vor jeder Anpassung, Demütigung, Erniedrigung, Enttäuschung. In den Raum, der dich spüren läßt: Ich bin. Keine Einschränkung, kein Aber. Du träumst dich hinein und läßt dich in den Zustand gleiten, der dir nichts abfordert, der dich nicht einschränkt, dich nicht zensiert. Du brauchst diesen Raum, um das vollkommene Gefühl von Da-Sein wieder zu wecken. Daß du in der Welt eine Daseinsberechtigung gebraucht hast, kannst du hier vergessen. Hier findest du die Mittel, die dein Da-Sein zum Blühen bringen. Nur dein Gefühl, unabhängig von jeder Bestätigung, von jeder Kritik, zählt. Wohin gehst du wirklich? Wieviel Energie bindest du damit, daß du deine Wege verschleierst, andere Wege gehst, um dich nicht zu verraten?

Die ursprüngliche Materialausgabe ist der Ort der vollkommenen Ruhe mit dir selbst. Die UreinwohnerInnen

Amerikas nennen es Visionssuche, wenn sie dorthin gehen. Schamanische Kulturen erreichen den Ort der Leere über Trancen, buddhistische Kulturen suchen den Weg über die Meditation. Es gibt viele Wege.

Finde deinen eigenen und laß dich einsinken in deine ureigenen Traumgezeiten. Taumle dich hinein, drehe dich ein ins Schneckenhaus des äußersten Raums, denn was du in der Weite des Universums findest, findest du auch in deinem eigenen tiefsten Inneren. Du drehst dich nach innen und landest im weiten grenzenlosen Raum des Nichts. Esoterik? Innenschau? Weit gefehlt. Reise ins All! Folge deinem Atem, fließ mit ihm ein in jede Zelle, ströme mit ihm aus, und du findest den unbestechlichen Raum des Nichts, wo alles beginnt und alles endet.

Vision, Visualisierung, Imagination

Jeder Manager braucht heute eine Vision, wenn er zeitgemäß sein will. Von Visionen spricht der Kühlschrankhersteller wie der Turnschuhverkäufer. Im Ausverkauf der Trendworte ist Vision sicher eins der Sonderangebote. Wer hat schon keine Vision?

Aber wer hat eine Vision? Mehr als den Impuls zum täglichen Überleben, Durchhalten, Weitermachen? Eine Vision, mächtiger als die Notwendigkeit, Geld zu verdienen, gesellschaftlich anerkannt zu sein, eine unangreifbare Stellung im Schachspiel einzunehmen? Eine Vision, stärker als der Wunsch, wohlhabend, schön, faszinierend, erfolgreich, anerkannt, interessant, von allen bewundert, beachtet, wahrgenommen zu sein? Eine Vision, die sich aus allen Bruchstücken von Wahrnehmung, Erfahrung und Erinnerung, aus allen Fragmenten deiner uralten Lebendigkeit aufbaut, die wächst, über den Rahmen des Erlaubten und Gefälligen, des Akzeptablen und gesetzlich Geregelten hinaus, die dich mit Schwebeteilchen füllt, bis du abhebst und mit jedem Atemzug höher fliegst? Eine Vision, die jede Frustration, jede Demütigung, jede Enttäuschung mit der mächtigen Kraft der Begeisterung sprengt? Die dich hochhebt, um dich nie mehr loszulassen, die sich um dich legt wie ein feiner Schleier aus Glück gewebt? Eine Vision, die dich weitet, die dir das Gefühl des unendlichen Raums schenkt, dich mit dem goldenen Strom der universellen Kraft füllt und dich in feinen schimmernden Sternstaubteilchen auf die Erde sinken läßt?

Und wenn du glaubst, das habe etwas mit Drogen, mit Alkohol, mit stimulierenden Mitteln zu tun, dann hast du nicht verstanden, was die Substanz der Vision wirklich ist: pure, tanzende, grenzenlose, immer neu zerfallende, sich immer neu formende Energie aus den Tiefen des Universums, von denen wir alle aufgestiegen sind, so unwahrscheinlich das im Gedränge an der Supermarktkasse, in der Enge des Alltags, in den Qualen des Bombenhagels auch scheint.

Visionen sind die subversivste Kraft des Universums überhaupt. Alles kann dir geraubt werden, deine Kraft, dein Besitz, deine körperliche Beweglichkeit, die Menschen, die du liebst, sogar deine Hoffnung, aber wenn du einmal zu deiner visionären Kraft, das heißt zu diesem gemeinsamen Tanz aller Teilchen im Universum gefunden hast, kann dir keine Macht wo auch immer dieses Wissen, diese Erinnerung, diesen Hauch von Glückseligkeit wegnehmen. Im größten Schmerz, in der wildesten Wut, der unerträglichsten Bedrängnis steigt sie auf, diese visionäre Heiterkeit, zieht dich aus dem schon unvermeidlich geglaubten Absturz, baut dich auf, gibt dir deine Lebenskraft zurück, entwirft die Bilder deines Lebens in allen Spielarten. Das ist es, warum amerikanische UreinwohnerInnen auf Visionssuche gehen: weil du alles verlieren kannst, weil du Hunger, Durst und Zerstörung ertragen kannst, aber nicht das Abgeschnittensein von deiner visionären Energie, von deiner ureigenen Vision.

Ohne Vision stirbst du ab. Du fühlst dich schwach, unfähig, etwas zu träumen, zu entwerfen, zu wünschen. Ohne Vision fühlst du dich getrennt von der puren Lebensfreude, von der Ekstase des Freudentanzes. Ohne ekstatische Augenblicke vollkommener Leichtigkeit kannst du nicht überleben. Du fängst an, sie im Suff, in Drogen, in Hilfskonstruktionen wie Erfolg, gesellschaftliche Anerkennung, Bestätigung, sexuellen Exzessen zu suchen.

Je weiter du das Spektrum der Hilfsmittel ausreizt, um so weiter weicht die Reizschwelle zurück. Und du hast mit den Nebenwirkungen zu tun, ohne die Wirkung je gespürt zu haben. Wenn dein Leben so tot ist, daß du morgens nicht weißt, wozu es gut sein soll aufzustehen, ist es Zeit, auf Visionssuche zu gehen.

Auch hier gibt es die Lösung von der Stange: Du schreibst dich in einem Visionssuche-Workshop ein, gehst zu indianischen Medizinleuten, südamerikanischen Heilern und so weiter. Das kann als Überbrückung zu deiner eigenen Vision taugen – oder nicht. Kein Mensch kann das wissen. Du kannst es ausprobieren.

Du kannst dich auch allein auf den Weg deiner Visionskraft machen. Du bleibst bei dir. Bist hellwach, nimmst alles deutlich wahr, was um dich herum gesprochen, getan wird. Suchst dir Zeichen. Was kann dir ein Zeichen auf dem Weg zu deiner Vision werden? Wiederhole Worte, die du hörst. Was bedeuten sie dir? Nimm Zahlen wahr, die du siehst, nimm den Ruf eines Vogels, eine Feder am

Boden, einen Zettel mit der Aufschrift Komet, eine Zigarettenschachtel mit der Aufschrift Diana wahr. Nimm alles so an, wie es kommt, ohne es abzutun: Das ist doch nur ein Fetzen Papier. Hier liegen doch viele Federn, ist doch klar, daß hier Krähen sind, eine Autonummer ist doch keine Botschaft! Auf dem Weg zu deiner Vision liegen viele kleine Botschaften, Fragmente eines großen Kunstwerks, deiner Vision. Hör auf, verunsichert herumzufragen: Wie geht das? Wie soll ich das machen? Wie muß man das anfangen? Kein Mensch weiß das.

Andere haben Methoden, Spiele, Regeln, Gesetze gefunden. Es wird Zeit, daß du selbst eigene Spielregeln für dein eigenes Leben findest. Das Herz der Wirklichkeit ist die Vision, Visualisierung geht den Schritt in die Materie zurück: Du visualisierst, damit sich etwas formen kann. Du gehst zur ursprünglichen Materialausgabe, formulierst, was du willst, gestaltest es, imaginierst es in vielen Details und entläßt deine Kreation in die materielle Welt, wo es länger oder kürzer dauert, bis deine Vision Wirklichkeit wird.

Da werden Geister zu Migränen

Wie mit magischen Mitteln Geister besänftigt werden

In den langen Wintertagen und -nächten sammelt sich viel in einer Wohnung an – Staub, Nußschalen, alte Zeitungen, heruntergefallene Reißnägel, verbrauchte Batterien, Fotos, Gedanken, Träume, Pläne, Bosheiten. Das erste Frühlingslicht zeigt anklagend auf die Staubflocken. Eimer und Schrubber raus – weg damit.

Aber was ist mit dem Gerufenen, Verspotteten, Ersehnten, Verfluchten, den Träumen, den Menschen, die wir mit der Kraft unserer Phantasie in unsere Nähe gezwungen haben und die noch in der Wohnung herumhängen? Wer hat sich jemals mit den Geistern früherer Bewohner, mit ihrem Unglück, ihren Tränen, ihre Ängsten befaßt? Wer hört schon auf die Kinder, die vor dem Einschlafen mit lieben und beängstigenden Geistern verhandeln? „Der mit seinem Hanich, süß. Unser Sohn ist doch tatsächlich davon überzeugt, daß ein Hanich in der Wand wohnt." Was zivilisierten Eltern nur ein pädagogisch liebevolles Grinsen entlockt, führt in manchen Gegenden Afrikas oder Asiens zu einem aufwendigen Austreibungsritual. Wer weiß, was der Hanich mit dem armen Kind vorhat!

Bestimmt kennst du das Phänomen: Du stehst auf, und alles geht schief. Etwas fällt dir auf den Fuß, der Becher mit dem Zahnputzwasser kippt um, die Tasse springt aus der Hand auf den Boden. Die Straße ist völlig leer, aber als du ausparken willst, kommt ein Auto nach dem anderen. Menschen rempeln dich an, als wärst du unsichtbar. Heute ist nicht gerade mein Glückstag, heißt das in der Alltagssprache des zivilisierten Industrielandes. Dir ist ein Geist aufgesprungen, den mußt du wieder loswerden, sagen zum Beispiel die Fon und Ewe in Togo und Benin.

Bei uns gibt es außer den bekannten Sorten wie Himbeergeist, Kirschgeist oder heiliger Geist keine Geister. Nicht wirklich. Der Geist hat etwas mit Lesen, Schreiben und Denken zu tun und wird irgendwo im Kopf angesiedelt. Zu mehr Akzeptanz des Abstrakten, Nichtfaßbaren geben wir uns nicht her. Der Volksmund sagt zwar unbekümmert: Es liegt was in der Luft, aber wir sind rational und wissen, daß in der Luft nichts liegen kann, wenn auch die Physiker gerade dabei sind, uns so ungeheuerliche Dinge wie „schwarze Materie" beibringen zu wollen.

Bei einer Diskussion im „Spiegel" über Außerirdische sagte ein Wissenschaftler treuherzig: Auch die Außerirdischen müssen sich an die Gesetze der Physik halten. Die Frage ist nur, ob wir die Gesetze der Physik wirklich kennen. Ob vielleicht das, was wir „metaphysisch" oder in der Umgangssprache „übersinnlich" nennen, in Wirklichkeit ein komplexes Gebilde von Wirklichkeitsschichten ist, für die wir einfach noch keine Rezeptionsorgane haben – oder keine mehr, denn im Stammhirn, im animalen und vegetativen Nervensystem gibt es ja schon einige Abteilungen, die dafür durchaus mal zuständig gewesen sein könnten. Was das mit dem Hausputz zu tun hat? Ganz einfach, um die Geister wahrzunehmen, meinetwegen in der eigenen Wohnung, muß ich mit den alten Zentren meines Körpers Kontakt aufnehmen. Deshalb beginnt der spirituelle oder magische Hausputz mit dem Putzen der Kommunikationszentren im Körper.

Ich mache das mit einer *Rassel*. Das fein perlende,

klappernde oder klickende Geräusch der Rassel unterhält sich direkt mit dem Stammhirn, dem ältesten Teil des menschlichen Körpers. Rasseln sind die ältesten nachgewiesenen Musikinstrumente und in fast allen Stammesritualen rund um den Erdball ein wesentlicher Bestandteil, von der Kwakiutl-Rabenrassel der Westküste Nordamerikas über die Steinklappern der Kelten und die Maisrassel der Hopi zur Kürbisrassel Westafrikas oder zur Steinrassel Tibets.

In schamanischen Ritualen ist die Rassel eine Art Telefon. Kommt eine Verbindung zustande, gibt sie Botschaften durch. Die Botschaften entstehen durch das Material, das klappert und rasselt, und – am wichtigsten – durch den Rhythmus, den die rasselnde Person erzeugt.

Dieser Rhythmus, die Art zu rasseln, die Stärke, die wechselnde Intensität ist bei jedem Menschen anders. Keine zwei Personen können eine Rassel genau gleich schütteln, das heißt: Wer rasselt, gibt seinen Code und seine Identität durch, weckt damit die alte Erinnerung und die eigene Lebendigkeit und stellt einen Kontakt zu Wesen her, die sich auf dieser Ebene unterhalten können.

Ist der Kontakt hergestellt, dann werden die Geister erst einmal gefüttert – gib es zu, daran hast du noch nie gedacht. Denn wer spricht bei einem magischen Hausputz von Geistervertreiben?

Hier ist vielleicht eine kurze Anmerkung angebracht, was Geister betrifft. Da Geister keinen Körper haben, sind sie uns gegenüber im Vorteil. Wir können, wenn wir nicht Fakire, Derwische, SchamanInnen oder ZauberInnen sind, immer nur so weit gehen, wie der Körper bereit ist, mitzugehen. Unser eigener Geist ist an die Grenzen des Körpers weitgehend gebunden. Das heißt, daß Geister sich von uns selbstverständlich keine Vorschriften machen lassen. Sie umgeben uns, machen sich darüber lustig, wie wir sie nicht wahrnehmen, und legen uns gelegentlich ein Hindernis in den Weg, wenn wir etwas ganz Normales, Alltägliches tun wollen.

In Afrika führte das zu einer fast paranoiden Haltung: Geister sind überall, wir sind ihnen ausgeliefert, und wenn wir sie nicht ständig füttern und beruhigen, bringen sie uns um. In Tibet ist das Verhältnis zu Geistern schon etwas pragmatischer. Alle Berge, Flüsse, Paßhöhen, Pflanzen, Steine sind beseelt, obwohl das natürlich im strengen Sinn nicht buddhistisch ist, aber darum kümmert sich kein Mensch. Man befreundet sich, legt kleine Opfergaben auf Wegschreine und Steinhaufen, ruft und murmelt gelegentlich etwas, spricht mit den Geistern und macht Witze über sie. Das Verarschen von Geistern und GöttInnen ist notwendiger Teil fast aller Stammeskulturen, vom Heyoka der Lakota über den Kasperl unserer Kultur bis hin zum Bönzauberer Tibets, der den Windgeistern seinen nackten Arsch zeigt. Erst das Verspotten arbeitet das Heilige wieder heraus. Geister sind Teil des Alltags, sie sind die andere Seite des menschlichen Daseins. Sie sind da, wozu großes Geschrei um sie machen! Sie müssen einfach einbezogen werden. Sie haben ihren Platz im Nomadenzelt, im Haus, in der Landschaft. Sie werden unterhalten, geehrt, geachtet.

Haben die Geister keinen Platz im Haus, nehmen sie sich einen. Das nimmt manchmal bizarre Gestalt an: In einer Ecke liegen z.B. immer kaputte Spielsachen. Am Küchenbüffet werden alte Eintrittskarten und Postkarten angesteckt. In einer Ecke der Küche liegen Dinge, von denen sich niemand trennen will, obwohl sie offensichtlich keine Funktion haben. Ein Teil des Schreibtisches hat eine Art Schreincharakter angenommen, ein Stein, eine

Muschel, ein Foto, ein Plastikdelphin... Ein Stapel Papiere, Karten, Notizen muß immer so liegen, wie er da liegt, ohne daß jemand hinterfragt, was da eigentlich aufbewahrt wird, usw. Auch Autoschreine sind sehr verbreitet mit kleinen Geisterklamotten, vielleicht von 1860 München, mit sinnlos und gefährlich baumelnden Talismanen am Rückspiegel.

Such den heimlichen Geisterschrein in deiner Wohnung und frag dich: Zu welchem sinnvollen, rationalen Zweck bewahre ich das hier auf, und warum widerstrebt es mir, diese oder jene Kruschtecke aufzulösen? Das ist der erste Hinweis auf die Geister in der Wohnung.

Hauptsächlich Männer neigen dazu, Geister, die sie allerdings nicht so benennen, so zu fürchten, daß sie am liebsten alles ordentlich und weiß durchdesigned so ordnen, daß möglichst keine Geister dazwischenkommen können. Die Geister kommen dann durch andere Türen, denn sie sind ja nicht blöd. Alkohol und Zigaretten sind ihre Lieblingstransportmittel. Tuaregmänner verschleiern sich, um die Geister, die sie auch als Verbündete der Frauen erkannt haben, nicht in ihre Körperöffnungen einzulassen. Je chaotischer eine Person im Inneren ist, desto mehr braucht sie die äußere klare Struktur. Heißt auch: Je ungeklärter die Anwesenheit von Geistern ist, je mehr sie verdrängt und negiert werden, um so mehr plagen sie einen, um so heftiger wird die äußere Struktur geordnet, und, im Gegenzug, um so drängender wird der Wunsch, sich zu betäuben.

Wer sich nicht freiwillig auf die Geister einläßt, wird von ihnen zwangsvorgeladen. Alk, Drogen, Räusche aller Art. Aha, da haben wir's: Die Geister haben gern *Geister*. Da kommen die Hausgeister mit dem Himbeergeist zusammen, es kann auch Wodka oder Rum sein. Wer ein Alkoholproblem hat, könnte ja vielleicht mal die Geister mit Spirits füttern. Ein wesentliches Attribut der spirituellen Reinigung ist der Geist. In Westafrika wird Schnaps in alle vier Ecken und in den Himmel geschüttet, die Mongolen dagegen schenken den Geistern Milch von ihren Tieren und verspritzen sie aus einer Schale rund um die Yurte herum und auch im Inneren in alle Richtungen.

Mögen die Geister Schnaps, mögen sie auch gern weiße *Speisen,* vor allem bei uns im Alpenraum. Wenn Essen zu Boden fällt, ist es für die Yoruba Westafrikas ein Zeichen, daß die Geister gefüttert werden wollen. Dazu gibt es überall in Afrika, in Indien, in Nepal, bei den Bergvölkern des Himalaya, in der Mongolei, ja sogar im hochtechnisierten shintoistischen Japan *Hausschreine.* Wer einen kleinen Hausschrein eingerichtet hat, der wohlriechende, schön anzusehende Geschenke für die Geister beherbergt, hat mit dem spirituellen Hausputz wenig Ärger.

Wir haben also gerasselt, Schnaps oder Milch offeriert, jetzt kommen wir zum größten Problem des spirituellen Hausputzes, dem Tabubruch. „Früher war das kein Problem," sagt Susanne Wenger, Yorubapriesterin in Nigeria, „natürlich haben wir Tabus gebrochen, aber wir haben von Zeit zu Zeit kleine Versöhnungsrituale gemacht, und das hat die Geister besänftigt." Hast du gar nicht nötig? Trägst du keine Lederschuhe? Ißt du kein Fleisch? Hast du kein Kleidungsstück, in das Teile toter Tiere eingearbeitet sind? Oder was das betrifft, bearbeitete Natursubstanzen wie Steine, Pflanzen, Holz usw.? Besitzt du nicht mehr, als du unbedingt zum Leben brauchst? Alles Tabubrüche.

Die schamanische Tiermutter, die Geistmutter aller Wesen, verlangt von uns, wenn wir den jakutischen und tschuktschischen Traditionen in Sibirien glauben, daß wir alle Wesen mit Achtung behandeln. Ein Wesen zu töten, ist nicht gerade ein Akt der Achtung. Es kann nötig sein, um zu überleben, aber je mehr Leid wir Wesen unnötig zufügen, um so schwieriger wird unsere Beziehung zu den Geistern. Ein Versöhnungsritual, in dem wir unsere vollkommene Schwachsinnigkeit einmal eingestehen, ist also nötig. Immer vorausgesetzt, wir akzeptieren, daß es Geistmütter, zornige Geister, heitere Geister, Tiergeister und dergleichen überhaupt gibt.

Ich sehe westlich-zivilisierte Menschen lächeln, wenn sie hören, daß die Fon in Benin in Westafrika davon überzeugt sind, ein Flugzeug fliege nur, weil der Pilot daran glaube. Hast du schon einmal einen Piloten getroffen, der nicht daran glaubt, daß sein Flugzeug fliegt? Und hast du nicht auch schon die berühmten letzten Worte aus den berühmten schwarzen Flugschreibern gehört und gelesen, etwa „mein Gott, wir stürzen ab" oder „wir können sie nicht halten", „wir verlieren Höhe" usw. Könnte doch gut sein, daß die Überzeugung des Piloten ihr Teil dazutut, das Flugzeug in die Nacht des Absturzes zu katapultieren.

Ähnlich verhält es sich in einer Wohnung. Solange ich davon überzeugt bin, daß mir die Geister die Wohnung von unangenehmen Ereignissen freihalten, funktioniert das auch. Ich bekomme immer genug Aufträge, unerwartete Überraschungen und verblüffende Herausforderungen laufen ein, die Geister verschränken zufrieden die Arme: „Na, was haben wir gesagt."

Aber dann kommt der Tag des Zweifels. Von allen guten Geistern verlassen, gehe ich als erstes auf die Bank. Eben. Ich sollte dann den Briefkasten nicht aufschließen. Und schon gar nicht den Anrufbeantworter abhören. Nicht aus der Lieblingstasse Tee trinken. Hier kommt ein weiteres wichtiges Mittel des magischen Hausputzes ins

Spiel: Jetzt heißt es räuchern, um die Geister zu besänftigen. Wir haben ein gestörtes Verhältnis zum Rauch. Die Welt hat sich in mehr oder weniger militante NichtraucherInnen und in mehr oder weniger lästige RaucherInnen eingeteilt. Rauch ist ein Transportmittel der Geister, wo kein Rauch ist, wird auch wenig Feuer sein, aber wo zuviel Rauch ist, ist vielleicht die Bude schon fast abgebrannt.

Übrigens, auch das Wort genial kommt natürlich von Genien, Geistern, die bei den Tuaregs der Wüste *dschinns* und im Hochland des Himalaya und in Tibet *lu* heißen und die Menschen tagsüber besuchen, im Gegensatz zu unserer Kultur, wo sich alles Gefährliche grundsätzlich nachts abspielt. Weshalb der magische Hausputz auch am besten nachts stattfindet, weil es da einen weiteren Tabubruch, die Diffamierung der Nacht und des Dunklen, zu versöhnen gibt.

Das heikelste Problem einer Behausung ist die *Schwelle*. Hier lauern Nichteingelassene, Abgewiesene, Verlassene, Verstoßene. Im amerikanischen Süden und in der Tradition des Voodoo wird deshalb die Schwelle mit rotem Ziegelstaub eingerieben, unsere Märchen lehren uns, mit Spucke die Schwelle zu schützen, da die Spucke die Verlängerung des eigenen Willens ist. Magische Zeichen und Ritzungen versiegeln die Schwelle und den Türstock, sodaß unerwünschte BesucherInnen nicht eindringen können. Ein katholischer Brauch hat sich aus der alten Zeit gehalten C+B+M (Cerridwen, Brigid, Macha) die starken Namen, die Geister vertreiben.

Ist die Schwelle gesichert, kommt das Wichtigste: der Einsatz des *Besens*. Traditionell der „Hexe“, der wilden Frau zugeordnet, hat er in allen Stammeskulturen der Welt zugleich reinigende und magische Kraft. Bei den Dogon und Malinké in Mali in Westafrika dürfen nur die ältesten Frauen fegen, denn wird es falsch gemacht, wirbelt man mehr Dreck und Geister auf, als einem lieb sein kann. Der Besen muß aus Hirsestroh, Palmblattfasern, Hasel-, Weiden-, Zaubernußreisig sein, am mächtigsten sind Besen, die aus neun Reisigsorten bei Vollmond gebunden, in fließendem Wasser gewaschen und in der Mittagssonne getrocknet sind, das jedenfalls sagte mir eine alte vorarlbergische Zauberin.

Wenn gerasselt, Schnaps gesprüht, weiße Speisen offeriert und geräuchert wurde, wenn die Schwelle belebt und alle guten Geister gerufen sind (hast du Töne?), dann wird jede Ecke der Wohnung im Uhrzeigersinn gesalzen und das Salz gegen die Uhr mit dem Besen wieder auf eine Schaufel gefegt. Jetzt sind die Geister zufrieden, unangenehme Energien sind im Salz gebunden, und die Wohnung ist wieder frei von Bedrängnis. Das Salz kommt vor die Tür, wo ein Ritual der Verwandlung gemacht wird: Alles wird gelöst, alle Geister werden ohne Groll freigelassen. Danach wird die Eingangstür neu dekoriert, so daß die Geister die Wohnung nicht wiedererkennen. In Burkina Faso wird nach dem Tod einer Person die Tür sogar aufs Grab gelegt, damit die tote Person glauben soll, das sei ihr altes Zuhause.

Der richtige Umgang mit Geistern: freundlich, aber nicht unterwürfig, beherzt, aber nicht überheblich, aufmerksam, aber nicht paranoid. Ganz einfach liebevolle Akzeptanz. Wer das hinkriegt, für die/den springt schon mal in einer heiklen Situation ein Geist ein.

Das Flüstern der Sterne

Seit es Menschen gibt, starren sie in den Sternenhimmel mit dieser Verzückung, diesem Rätsel im Blick. Der Sternenhimmel ist das Wunderbare, wir alle empfinden das – vielleicht mit Ausnahme derjenigen, die einen Stern auf dem Gewissen haben. Die Weite des nächtlichen Universums, die Erinnerung daran, daß der Raum unendlich, die Kraft unbegrenzt, die Energie allgegenwärtig ist, nährt uns jede Nacht. Und doch gewinnen wir Erkenntnisse bei Tag und verlieren sie wieder bei Nacht.

Wir sammeln ein paar Erfahrungswerte, wer möchte da schon von Wissen sprechen, und verlieren sie, sobald wir geboren werden. Wie das Geisterschiff, der Fliegende Holländer, segeln wir volle Kraft voraus bei Tag mit gutem Wind voran und verlieren die Entfernung, die wir schon gewonnen haben, bei Nacht. Wir leiden unter einer Amnesie. Wir können uns nicht erinnern. Wir wissen nicht, wo wir sind, wir wissen nicht, wer wir sind, wir haben keine Ahnung, was aus uns wird. Wir taumeln durch dieses Leben, das wir das für einzig mögliche halten. Und wir finden für alles eine Begründung, denn ohne könnten wir es keinen Tag aushalten.

Jede Erkenntnis, die jemand gewinnt, gilt uns in Ermangelung eines Überblicks oder wirklichen Wissens als absolute Wahrheit. Manchmal erhaschen wir einen Augenblick tiefer Erkenntnis, ein Aufblitzen umfassenden Verstehens – weg ist es wieder. Weil wir so ratlos sind, glauben wir gern Menschen, die sich Antworten ausgedacht haben. Es tut gut, auf eine unruhige, unsichere Frage eine ruhige, sichere Antwort zu bekommen. Aber der Haken ist: Die Person, die du fragst, ist genauso unsicher und unruhig wie du und deine Frage, sie kann es nur besser kaschieren. Vielleicht. Manchmal. Anstatt hinter Antworten herzurennen, anstatt irgendwelche Menschen zu vergöttern, anstatt vor Bewunderung ganz staubig zu werden, solltest du anfangen, Fragen zu sammeln.

Fragen sind Wege, sind subversives Material, Türöffner, Fragen führen dich zum Wahrnehmen der Sterne. Das Universum verliert nichts. Wenn nichts verloren geht, war alles, was es gibt, schon da, denn wie sollte sonst irgend etwas da sein? Erinnere dich. Hör auf das Flüstern der Sterne, lies in ihren Augen, frage den Staub der Sterne, die Steine, ihre Kinder. Erinnere dich. Glaube nichts, denn deine Vermutungen sind so gut wie irgendwelche andere. MathematikerInnen zimmern sich ihr Universum in Zahlen und Formeln, PhilosophInnen denken durch den Staub ihrer Hirne zu immer neuen Funden, ReligionsvertreterInnen entwerfen ein Bilderbuch des Universums, weil ihnen alles andere zu bedrohlich wäre. Die weisen Frauen konfrontierten und konfrontieren sich mit dem Ungewissen. Sie hören auf das Flüstern der Sterne und finden Fragen.

Ach so, ja, gibt es Außerirdische? Interessante Frage, denn eine der Fragen, die mir die Sterne flüsterten, lautet: Gibt es intelligente Lebewesen auf dem Planeten Erde? Ich bin zwar intelligent genug, die Frage zu hören, aber nicht intelligent genug, sie zu beanworten. Ich arbeite daran...

Biographie

Ich bin so alt wie die Bundesrepublik, aber nicht in so schlechtem Zustand. Ich bin auch so alt wie die Abschaffung der Todesstrafe. Mit sechs Jahren beschloß ich, Schriftstellerin zu werden und eine Tochter zu gebären. Ich habe in amerikanischen Clubs und im Musical „Hair“ gesungen, als Journalistin (z.B. bei der Zeitschrift „twen“) gearbeitet, Drehbücher geschrieben (u.a. mit Margarethe von Trotta), Filme und Theaterstücke geschrieben und inszeniert („Hexen“, „Fischmaul“ u.a.). 1974 wurde meine Tochter Anna Valentina geboren. Etwa zehn Jahre lang bereiste ich kreuz und quer die Sahara und Afrika. Ich studierte Volksmedizin und Magie, Voodoo, Juju in Westafrika, schamanische Traditionen in Nepal und Tibet. Meine erste Fremdsprache war Deutsch (mit Bayerisch wuchs ich auf). Ich spreche auch noch Italienisch, Englisch, Französisch, etwas Ewe und ein paar Brocken Nepali.

Seit 1991 gestalte ich die Titel für meine Bücher selbst und mache Ausstellungen meiner Bilder, u.a. mit Herbert Achternbusch in der Münchner Galerie Lothringer 13.

Ich lebe als freiberufliche Dichterin, Malerin, Schriftstellerin, Journalistin und Zauberin in München und feiere zur Abwechslung nächtliche Rituale in der Stadt.

Mein internet-Spielraum ist unter www.salamandra.de zu erreichen.

Luisa Francia
im Verlag Frauenoffensive

Berühre Wega, kehr' zur Erde zurück
ISBN 3-88104-120-6

Kalypso
ISBN 3-88104-138-9

Mond • Tanz • Magie
ISBN 3-88104-152-4

Drachenzeit
ISBN 3-88104-165-6

Zaubergarn
ISBN 3-88104-190-7

Spielend Scheitern. Ein Leidfaden für Frauen mit dreizehn Tips zum Mißerfolg
ISBN 3-88104-203-2

Die 13. Tür
ISBN 3-88104-210-5

Die schmutzige Frau
ISBN 3-88104-226-1

SteinReich
ISBN 3-88104-239-3

Auf der anderen Seite der Haaresbreite
ISBN 3-88104-252-0

Starke Medizin
ISBN 3-88104-266-0

Eine Göttin für jeden Tag
ISBN 3-88104-280-6

Die Bärin im 11. Haus
ISBN 3-88104-293-8

Sanfte Wirbelstürme, vergessene Flügel. Das Rückenbuch
ISBN 3-88104-306-3